MAPAS E FICÇÕES
(Séculos XVI a XVIII)

FUNDAÇÃO EDITORA DA UNESP

Presidente do Conselho Curador
Mário Sérgio Vasconcelos

Diretor-Presidente / Publisher
Jézio Hernani Bomfim Gutierre

Superintendente Administrativo e Financeiro
William de Souza Agostinho

Conselho Editorial Acadêmico
Luís Antônio Francisco de Souza
Marcelo dos Santos Pereira
Patricia Porchat Pereira da Silva Knudsen
Paulo Celso Moura
Ricardo D'Elia Matheus
Sandra Aparecida Ferreira
Tatiana Noronha de Souza
Trajano Sardenberg
Valéria dos Santos Guimarães

Editores-Adjuntos
Anderson Nobara
Leandro Rodrigues

ROGER CHARTIER

MAPAS E FICÇÕES
(Séculos XVI a XVIII)

TRADUÇÃO
PEDRO PAULO PIMENTA

Título original: *Cartes et fictions (XVIᵉ - XVIIIᵉ siècle)*
© 2024 Editora Unesp, para esta tradução

Direitos de publicação reservados à:
Fundação Editora da Unesp (FEU)
Praça da Sé, 108
01001-900 – São Paulo – SP
Tel.: (0xx11) 3242-7171
www.editoraunesp.com.br
www.livrariaunesp.com.br
atendimento.editora@unesp.br

Dados Internacionais de Catalogação na Publicação (CIP) de acordo com ISBD
Elaborado por Vagner Rodolfo da Silva – CRB-8/9410

C486m
Chartier, Roger

    Mapas e ficções (Séculos XVI a XVIII) / Roger Chartier; traduzido por Pedro Paulo Pimenta. – São Paulo: Editora Unesp, 2024.
    Tradução de: *Cartes et fictions (XVIe-XVIIIe siècle)*

    Inclui bibliografia.
    ISBN: 978-65-5711-238-0

    1. Literatura. 2. História da literatura. 3. Crítica literária. 4. Iconografia literária. 5. Cartografia. I. Pimenta, Pedro Paulo. II. Título.

2024-830   CDD 809
     CDU 82.09

Editora afiliada:

Sumário

Introdução	7
Dom Quixote de la Mancha, 1780 e 1797	15
Sobre palavras e mapas	16
Cronologia e geografia	27
Genealogia inglesa	47
Gulliver, 1726	48
Robinson Crusoé, 1719	54
Mundus Alter et Idem, 1605	68
O mapa de lugar nenhum: a *Utopia*, 1516	81
Na França: preciosismo e mística	101
O *Mapa de Ternura*, 1654	102
Os caminhos da alma: João da Cruz, 1621 e 1641	125
Na França: querela de prioridade e polêmica	135
Preciosas, amor e coqueteria	136
O país da Jansênia	150

Sumário

Primeiros mapas — 161
Orlando furioso, 1556 — 162
Petrarca na Provença — 171

Écfrase e suplemento — 177

Agradecimentos — 182

Referências bibliográficas — 183

Créditos das imagens — 199

Introdução

Como diz Franco Moretti, a geografia literária pode ter dois objetos diferentes: o estudo da literatura no espaço ou o estudo do espaço na literatura.[1] A primeira perspectiva permite a elaboração de mapas das edições das obras e de suas traduções; a segunda, o registro dos lugares das ações e deslocamentos dos personagens, diz respeito à geografia interna dos textos, não ao espaço de circulação dos livros. Em ambos os casos, uma cartografia é possível, mas, em ambos, é feita no presente. Assim como os espaços do comércio livreiro, os escolhidos e descritos pelas ficções ganham tradução visual. Produzidos por palavras, tornam-se mapas, itinerários ou atlas. Essa operação deixa escapar uma realidade, ínfima, mas nem por isso menos verdadeira: a presença dos mapas em edições de obras quando de sua primeira publicação.[2] Não falo aqui dos

---

1 Moretti, *Atlas du roman européen 1800-1900*. Ver também do mesmo autor, *Graphes, cartes et arbres: modèles abstraits pour une autre histoire de la littérature*.

2 Padrón, "Mapping Imaginary Worlds", em Akerman; Karrow Jr. (orgs.), *Maps: Finding our Place in the World*, p.255-87. Ver também Stahl, "Imaginary Maps

Introdução

mapas traçados *a posteriori*, traduções visuais de espaços que permanecem exclusivamente textuais, mas daqueles que acompanharam os leitores em suas primeiras experiências.

Em nossos dias, a presença dos mapas em livros tornou-se comum e mesmo obrigatória, como no gênero da *epic fantasy*, geralmente traduzido como "fantasia épica" ou "alta fantasia". O livro fundador do gênero deu o exemplo. Três mapas foram inseridos na primeira edição das três partes de *O senhor dos anéis*, de Tolkien, publicadas em 1954 e 1955.[3] Impressos a partir de desenhos do filho de Tolkien, Christopher, dois deles se encontram no primeiro volume, *A sociedade do anel*, e exibem a "Terra-Média" e "Uma Parte do Condado". O terceiro, que representa os reinos

---

and Beyond", *Library of Congress*, 25 maio 2016-30 ago. 2016. Disponível em: https://blogs.loc.gov/maps/2016/05/imaginary-maps-in-literature-and-beyond-introduction/. Acesso em: 30 nov. 2021.

3 Tolkien, *Lord of the Rings*. Part 1: The Fellowship of the Ring. Part 2: The Two Towers. Part 3: The Return of the King [*O senhor dos anéis*. v.1: A sociedade do anel. v.2: As duas torres. v.3: O retorno do rei]. A primeira tradução francesa, feita por Francis Ledoux, foi publicada por Christian Bourgois em 1972-1973, em três volumes: *La Communauté de l'anneau, Les Deux Tours* e *Le Retour du roi*. Christian Bourgois publicou uma nova tradução, estabelecida por Daniel Lauzon, em 2014-2015, com um novo título para o primeiro volume: *La Fraternité de l'anneau*.

Introdução

de Gondor, Rohan e Mordor, é incluído em *O retorno do rei*, que fecha a trilogia.[4] Com esses três mapas, que reúnem informações geográficas e dados onomásticos, a primeira edição de *O senhor dos anéis* oferece referências à leitura sem com isso interferir nela. Os mapas de Tolkien constroem um mundo imaginário que convida "para além das peripécias do relato, a tantas viagens quantos forem os leitores".[5] As três cartas de 1954-1955 não limitaram a imaginação geográfica que se apoderou da obra e levou à proliferação de mapas, atlas e pôsteres que m os espaços das histórias.[6] *O senhor dos anéis* apresenta a cartografia da ficção sob as duas modalidades que nos interessam aqui: os mapas presentes na primeira edição de uma obra (no caso de Tolkien, impressos a partir de esboços que acompanharam ou precederam a escrita da história), e os mapas

---

[4] Pantin, "Inventer, visualiser, dessiner des mondes", em Ferré; Manfrin (orgs.), *Tolkien: voyage en Terre du Milieu*, p. 43-8.

[5] Garel-Grislin, "Les Coordonnées de la fiction: ce que la carte fait au récit", *Revue de la Bibliothèque Nationale de France*, n.59, p.22-30, 2019, aqui, p.29.

[6] Fonstad, *The Atlas of Tolkien's Middle Earth*; e Stratchey, *Journeys of Frodo: An Atlas of J. R. R. Tolkien's* The Lord of the Rings. Ver Crowe, "Celebrating Christopher Tolkien's Cartographic Legacy", *Tor.com*, 22 jan. 2020. Disponível em: https://reactormag.com/celebrating-christopher-tolkiens-cartographic-legacy/. Acesso em: 30 nov. 2021.

Introdução

inspirados pela obra após a sua publicação, e que muitas vezes se afastam do próprio relato.

Em seu livro anterior, Tolkien incluíra dois mapas que ele mesmo desenhou. Publicado em 1937, *o Hobbit*, traz um mapa das "Terras Ermas" e outro de Thror.[7] À diferença do primeiro mapa e daqueles publicados em *O senhor dos anéis*, este último, que traça o plano da Montanha, é conhecido pelos protagonistas da ficção, Bilbo, Gandalf e os anãos, bem como pelo leitor: "consulte o mapa de Thror no início deste livro e verá as ruínas em vermelho".[8] Nesse caso, o mapa é supostamente contemporâneo à história. Traz, inclusive, a sua marca, duas inscrições em escrita rúnica, uma na margem esquerda e outra no centro. A presença de mapas em *O Hobbit* situa a obra no universo dos livros para crianças ou para uma juventude que, desde o século XIX, propôs representações visuais dos lugares em que a história transcorre.[9]

Os primeiros mapas inseridos em livros de língua inglesa destinados aos jovens foram publicados em 1883. A primeira edição d'*A ilha do tesouro*, de Robert Louis Stevenson, traz no

---

7 Tolkien, *The Hobbit* [*O Hobbit*].
8 Ibid.
9 Crowe, "Where do Fantasy Maps Come from", *Tor.com*, 23 set. 2020. Disponível em: https://reactormag.com/where-do-fantasy-maps-come-from/. Acesso em: 30 nov. 2021.

Introdução

frontispício um mapa da ilha em questão. As instruções crípticas e as três cruzes vermelhas indicadas deverão conduzir os protagonistas e os leitores à descoberta do tesouro escondido.[10] Do outro lado do canal da Mancha, um mapa de outra ilha veio antes daquele de Stevenson. A primeira edição de *A ilha misteriosa*, de Júlio Verne, publicada por Hetzel em 1874-1875, trazia um mapa da ilha de Lincoln tanto em folhetim, na revista *Le Magasin d'Éducation et de Récréation*, quanto em livro, na edição em três volumes. O plano da ilha, desenhado pelo próprio Júlio Verne, está impresso ao fim da primeira parte, "Os náufragos do ar".[11] A tradução inglesa, publicada em folhetim na *St. James' Magazine* a partir de março de 1874, ressurge no ano seguinte como livro em Londres e em Nova York, mas sem qualquer mapa da ilha.[12]

Há dois mapas ingleses que antecederam a publicação d'*O Hobbit*. Em 1926, um mapa

---

10 Stevenson, *Treasure Island* [*A ilha do tesouro*].
11 Verne, "L'Île mystérieuse" [*A ilha misteriosa*], em *Les Voyages extraordinaires*. O mapa é impresso à p.201 da primeira parte. Ver Fontanabona, "La Géographie de Jules Verne et ses cartes dans *L'Île mystérieuse*", *M@ppemonde: Revue Trimestrielle sur l'Image Géographique et les Formes du Territoire*, n.97, 2010. Disponível em: https://mappemonde-archive.mgm.fr/num25/articles/art10101.pdf. Acesso em: 30 nov. 2021.
12 Verne, *The Mysterious Island* (1875).

Introdução

do "Bosque dos Cem Acres" desenhado por Ernest H. Shepard, mostra os lugares das aventuras de do Ursinho Pooh e Alan Alexander Milne.[13] Cinco anos mais tarde, o mesmo Shepard desenha o mapa desdobrável inserido em *O vento nos salgueiros*, livro de Kenneth Grahame publicado sem mapa em 1908.[14] O mapa a que nos referimos aparece em 1931, na 38ª edição da obra.[15] Após a Segunda Guerra, pouco antes de *A Terra-Média*, de Tolkien, um outro mundo imaginário foi cartografado. Refiro-me ao inventado por Clive Staples Lewis em *As crônicas de Nárnia*. É verdade que o primeiro volume, publicado em 1950, *O leão, a feiticeira e o guarda-roupa*, não trazia nenhum mapa, mas, no ano seguinte, a ilustradora Pauline Baynes desenha um mapa para o segundo tomo, *O príncipe Caspian*.[16] Vinte anos mais tarde, em 1970, será dela também o mapa da Terra-Média vendido pela editora

---

13 Milne, *Winnie the Pooh* [*Ursinho Pooh*].
14 Grahame, *The Wind and the Willows* (1908) [*O vento nos salgueiros*].
15 Id., *The Wind and the Willows*, ilustrado por Ernest H. Shepard.
16 Lewis, *The Lion, the Witch, and the Wardrobe: A Story for Children* [*O leão, a feiticeira e o guarda-roupa*]; e *Prince Caspian: The Return to Narnia* [*Príncipe Caspian*]. A série compreende sete volumes, publicados anualmente até 1956.

Introdução

George Allen & Unwin,[17] seguido em 1971 por outro incluído em *O Hobbit*.[18]

Este ensaio não tem o propósito de acompanhar a multiplicação dos mapas depois de Tolkien, no gênero épico fantástico ou nos livros para jovens.[19] Esse caminho nos levaria a *Harry Potter* e a *Guerra dos Tronos*. O percurso que propomos vai em sentido inverso. Nosso objetivo é realizar uma genealogia histórica da presença dos mapas em histórias de ficção. Como nos dicionários antigos, o termo *ficção* designa aqui "invenções fabulosas"[20] ou "produtos da imaginação".[21] É quase sinônimo de *fábula*, que o *Dicionário da Academia Francesa* define como "coisa feita, inventada para instruir ou divertir. Ou também, ainda, o tema ou argumento de um poema épico, de um poema dramático ou de um romance".[22] Essa

---

17 Baynes, *A Map of Middle-Earth*.
18 Id., *There and Back Again: A Map of Bilbo's Journey through Eriador and Rhovanion*.
19 Sundmark, "Mapping Middle Earth: A Tolkienian Legacy", em Goga; Kümmerling-Meibauer (orgs.), *Maps and Mapping in Children's Literature: Landscapes, Seascapes and Cityscapes*, p.221-38.
20 "Fiction", em *Dictionnaire de l'Académie française*, t.I, p.443.
21 "Fiction", em Furetière, *Dictionnaire Universel, contenant généralement tous les mots français tant vieux que modernes*, t.II.
22 "Fable", em *Dictionnaire de l'Académie française*, op. cit., t.I, p.421.

definição, que pressupõe a partilha de uma convenção entre o autor, o editor e o leitor, leva à exclusão dos mapas que se apresentem como simples representações de um espaço real, mesmo que o território cartografado seja imaginário.[23] As cartas escolhidas para esta investigação acompanham romances, sátiras, utopias ou distopias, *mesmo que*, ou *principalmente se*, essas fábulas pertençam a gêneros que supostamente contam a verdade, como os relatos de viagem, por exemplo.

O primeiro mapa de nossa investigação retrospectiva não foi concebido e muito menos desenhado pelo autor cujo livro ele ilustra. Foi introduzido na obra nada menos que 165 anos após a sua publicação. Não representa um território fabuloso, mas, de maneira mais prosaica, um país que existe de fato. Não deveria constar aqui, pois tudo nele parece real; tudo, exceto pelos viajantes que tomam os caminhos nele traçados.

---

[23] Tiberghien, "Cartes imaginaires et forgeries", em Besse; Tiberghien (orgs.), *Opérations cartographiques*, p.290-303.

Dom Quixote de la Mancha, *1780 e 1797*

Sobre palavras e mapas

Em 1780 Joaquín Ibarra imprime uma nova edição de *Dom Quixote* para a Real Academia Espanhola.[1] Publicada em quatro tomos em formato in-quarto, essa luxuosa edição traz o texto estabelecido por Vicente de los Ríos, membro da Academia. A obra conta com um extenso aparato, um "Juízo crítico ou análise do Dom Quixote", uma "Vida de Cervantes", um "Plano cronológico do Quixote". Mas a novidade mais espetacular não se encontra no texto. Está em um anexo desdobrável que oferece ao leitor um "Mapa de parte do reino da Espanha, contendo as regiões percorridas por Dom Quixote e os sítios de suas aventuras" (Figura 1).[2] Esse mapa tem toda a credibilidade científica desejável, tendo sido desenhado por Tomás Lopez, geógrafo do rei e cartógrafo dos reinos, províncias e cidades da Espanha,

---

1 Cervantes, *El ingenioso hidalgo Don Quixote de la Mancha* [*O engenhoso fidalgo Dom Quixote de La Mancha*], 1780. Ver Páez (org.), *De la palabra a la imagen: el "Quijote" de la Academia de 1780*.

2 López, "Mapa de una porción del Reyno de España que comprehende los parages por donde anduvo don Quijote y los sitios de sus aventuras", em Cervantes, *El ingenioso hidalgo Don Quixote de la Mancha*, 1780. Ver Biblioteca Nacional de España, *Los Mapas del Quijote*, catálogo da exposição, Madri, 1º jun.-31 jul. 2005, p.42-51.

Páginas seguintes:

Figura 1. *Mapa de parte do reino da Espanha, contendo as regiões percorridas por Dom Quixote e os sítios de suas aventuras*, desenho de Tomás López. Extraído de Miguel de Cervantes, *O engenhoso fidalgo Dom Quixote de la Mancha (1782)*, encarte.
Reedição in-octavo da edição in-quarto de 1780. Kislak Center for Special Collections, Rare Books and Manuscripts, University of Pennsylvannia.

a partir de "observações feitas no terreno" por Joseph de Hermosilla, capitão do corpo real dos engenheiros, e também membro da Academia. Os itinerários das três "saídas" de Dom Quixote (na primeira parte, os capítulos 1 a 5 e todos a partir do 7, e na segunda parte, todos os capítulos a partir do 7) são traçadas no mapa, e 35 indicações numéricas remetem às respectivas "aventuras" do cavaleiro errante. Algumas são localizadas com precisão, como a de número 22, "As lagoas de Ruydera e a caverna de Montesinos", ou a de número 33, "A praia de Barcelona". Dois anos mais tarde, Ibarra publica novamente a edição em quatro volumes, dessa vez em formato in-octavo, mais modesto, mantendo, porém, o mesmo mapa desdobrável.

Antes de 1780, a geografia cervantiana permanecera textual, tornando-se visível em paisagens imaginadas. Na edição de Ibarra, as 32 gravuras pretendem-se fiéis ao texto do livro. Os pintores e desenhistas encarregados de realizá-las receberam longas e detalhadas descrições das cenas a serem representadas.[3] Mas as indicações de paisagens permanecem bastante vagas, uma pradaria, um bosque, um prado, uma cidade etc., e dão liberdade considerável à imaginação dos artistas. Essa liberdade é ainda maior em todas as edições

---

3 Megías, *Leer el Quijote en imágenes: hacia una teoría de los modelos iconográficos*, p.382-443.

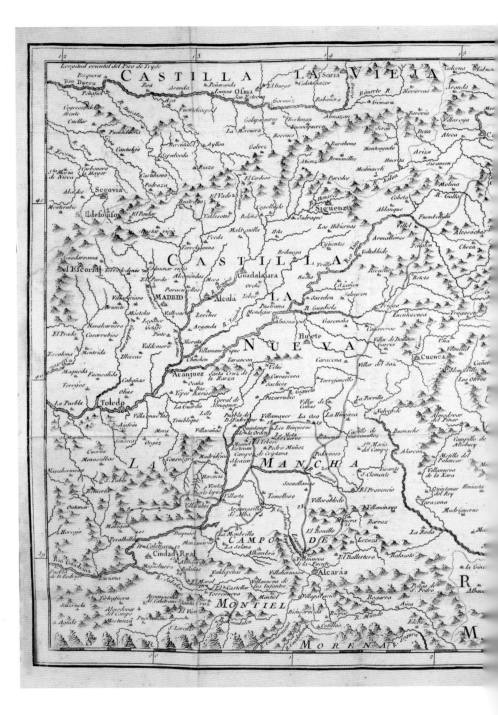

MAPA DE UNA PORCION DEL REYNO DE ESPAÑA
QUE COMPREHENDE LOS PARAGES POR DONDE ANDUVO
DON QUIXOTE,
Y LOS SITIOS DE SUS AVENTURAS
Delineado por D. Tomas Lopez Geógrafo de S. M. segun las observaciones hechas sobre el terreno por D. Joseph de Hermosilla Capitan de Ingenieros

Primera salida de D. Quixote solo.
1. Venta donde fué armado Caballero.
2. Aventura del muchacho Andres.
3. Encrucijada donde estuvo dudoso que camino tomaria.
4. Aventura de los Mercaderes donde quedó insultado á palos, y le conduxo á su Lugar Pedro Alonso su vecino.

Segunda salida con Sancho por el Campo de Montiel.
5. Aventura de los molinos de viento.
6. Aventura de los frailes y el Vizcaino.
7. Bosque donde Sarmio con los Cabreros, y cubrero de Crisóstomo.
8. Aventura de los Yangüeses.
9. Venta de innumerables aventuras y sucessos, donde se hizo el Bálsamo de Fierabras, y el manteamiento de Sancho Panza.
10. Batalla de las Ovejas.
11. Aventura del cuerpo muerto donde tomó el nombre del Caballero de la TRISTE FIGURA.
12. Aventura de los Batanes.
13. Batalla con el barbero, á quien ganó el yelmo de Mambrino.
14. Da libertad á los Gáleotes.
15. Ocúltase en Sierra morena.
16. Sino en la misma Sierra donde hizo penitencia.

Nota
Desde este sitio le traxeron á la Venta, de donde le volvieron encantado á su Lugar.

Tercera salida
17. Lugar en donde encontró á Dulcinea encantada.
18. Aventura del Carro de las Cortes de la muerte.
19. Aventura del Caballero del Bosque.
20. Aventura de los leones, de donde tomó el nombre el Caballero de los LEONES.
21. Bodas de Camacho.
22. Lagunas de Ruidera y Cueva de Montesinos.
23. Encuentro de la aventura del Rebuzno.
24. Venta donde sucedió la aventura de los titeres, y las del Maese Pedro, y el mono adivino Reyno de Aragon.
25. Aventura del Barco encantado.
26. Aventura de la bella Cazadora.
27. Palacio del Duque donde sucedieron muchas aventuras.
28. Insula Barataria Gobierno de Sancho.
29. Sitio donde encontró Sancho los moriscos de vuelta del Gobierno.
30. Sima donde cayó Sancho con su jumento de vuelta del Gobierno.
31. Aventura de las Reales y batalla con los toros.
32. Aventura de los ladrones en el bosque.
33. Sitio de la Batalla del Caballero de la Blanca luna en la playa de Barcelona, donde queda vencido.
34. Aventura de los cerdos.
35. Donde le encontraron los criados del Duque y le llevaron al Palacio desde donde se volvió á su aldea, y murió.

Leguas de una hora de camino, de las que entran veinte en un grado.

ilustradas impressas entre 1657 – data da tradução holandesa publicada em Dordrecht, a primeira a trazer uma série de estampas, 24 ao todo –[4] e 1780. A imaginação estética, embora seja um deleite para o leitor, oferecia o risco de destruir um dos "feitiços desse livro", para retomarmos a fórmula de Jorge Luis Borges.

Essa magia consiste em situar as aventuras de Dom Quixote num mundo prosaico, concreto, familiar. "À geografia vasta e nebulosa do *Amadis*, ele contrapõe os caminhos pútridos e os sórdidos albergues de Castela", escreve Borges. A referência a realidades geográficas conhecidas dos leitores é um dos dispositivos que promovem uma "confusão entre o objetivo e o subjetivo, entre o mundo do leitor e o mundo do livro".[5] O mesmo vale para a presença de um exemplar da *Galateia* de Cervantes na biblioteca de Dom Quixote ou para o fato de que, na segunda parte, de 1615, os protagonistas da história, a começar

---

4 Cervantes, *Den Verstandigen Vroomen Ridder: Don Quichot de la Mancha*, 1657.

5 Borges, "Magias parciales del 'Quijote'", em *Otras inquisiciones* ["Magias parciais do 'Quixote'", em *Outras inquisições*], p.75: "A las vastas y vagas geografías del *Amadís* opone los polvorientos caminos y los sórdidos mesones de Castilla [...]"; e p.76: "Cervantes se complace en confundir lo objetivo y lo subjetivo, el mundo del lector y el mundo del libro".

pelo próprio *hidalgo*, leram a primeira parte, publicada dez anos antes, e a sua continuação, de autoria de "Avellaneda", surgida em 1614. A ilusão de realidade é reforçada pelo traçado das peregrinações de um herói de ficção sobre o mapa da Espanha autêntica.

Contudo, nenhuma edição de *Dom Quixote* em vida de Cervantes propôs algo assim. Quando esses volumes trazem mapas, eles são feitos de palavras. O mesmo vale para *Os trabalhos de Persiles e Sigismunda*, livro de Cervantes publicado em 1617, um ano após a sua morte. No capítulo 10 do livro terceiro, os heróis dessa "história setentrional", peregrinos em marcha a Roma, chegam a uma localidade na Mancha que não é "nem muito pequena nem muito grande, e de cujo nome não me lembro", como declara o narrador, que evoca assim, ironicamente, a primeira frase do *Dom Quixote*.[6] No centro da praça "eles deparam com um grupo de transeuntes, ocupados em contemplar e ouvir dois jovens que, trajando roupas de cativos recentemente adquiridos, comentavam as figuras de uma tela de pintura que seguravam apoiada sobre o chão".[7] Na

---

6 Cervantes, *Los Trabajos de Persiles y Sigismunda: historia septentrional* [*Os trabalhos de Persiles e Sigismunda*], 2003, p.527: "un lugar, no muy pequeño ni muy grande, de cuyo nombre no me acuerdo".

7 Ibid., p.527: "[...] vieron mucha gente junta, todos atentos mirando y escuchando a dos mancebos que,

tela estava pintada a cidade de Argel, o porto, e um navio que pertencia ao corsário Dragut, que, segundo os jovens, os havia capturado. A descrição dessa tela de pintura combina os dois sentidos de écfrase: de um lado, a descrição de um objeto ou obra de arte em particular, de outro, a narração da história aí representada.[8] Cervantes utilizara esse procedimento de meta-écfrase no início do capítulo 9 da primeira parte de *Dom Quixote*, quando o manuscrito de Cide Hamet Benengeli se abre com a descrição de uma *pintura* que representa o combate entre Dom Quixote e o Biscaio, cuja narração fora abruptamente interrompida no capítulo anterior.[9]

Infelizmente para os dois jovens, um dos alcaides da cidade fora ele mesmo prisioneiro em Argel durante cinco anos (como Cervantes). Ele desmascara a farsa e os obriga a confessar a verdade. Estudantes em Salamanca, os homens queriam se unir às armas do rei em Flandres:

> Para facilitar a execução desse desígnio, adquirimos esta tela de uns cativos que estavam de passagem, provavelmente tão falsários quanto nós, que além disso nos ensinaram um punhado de coisas
>
> en traje de recién rescatados de cautivos, estaban declarando las figuras de un pintado lienzo que tenían tendido en el suelo […]".

8 Armas (org.), *Écfrase in the Age of Cervantes*.
9 Cervantes, *Don Quijote de la Mancha*, 1998, p.109-10.

sobre Argel, o que nos pareceu mais do que suficiente para a encenação de uma farsa como esta.[10]

Comovidos com essa declaração, os alcaides perdoam os dois estudantes. Aquele que fora de fato cativo decide acolhê-los em sua própria casa, "oferecendo-lhes, assim, uma lição sobre as coisas de Argel, de modo que nunca mais percam o seu latim diante que alguém que venha a contestar sua história falsa e contrafeita".[11]

A tela, pintada pelos dois estudantes, que mostra a cidade e o porto de Argel, não é, propriamente dizendo, um mapa. Podemos imaginá-la como um simples quadro ou como uma vista cavaleira. Não é o único exemplo, nas *Persileias*, de écfrase em sentido estrito, a descrição de uma imagem pintada que narra uma história. Quando os protagonistas chegam a Lisboa, no capítulo 1 do livro terceiro, cansados de contar suas numerosas aventuras,

---

10 Id., *Los Trabajos de Persiles y Sigismunda*, 2003, p.535: "Para facilitar y poner en obra este deseo, acertaron a pasar por allí unos cautivos, que tan bien lo debían de ser falsos como nosotros agora; les compramos este lienzo y nos informamos de algunas cosas de las de Argel, que nos pareció ser bastantes y necesarias para acreditar nuestro embeleco [...]".

11 Ibid., p.538: "[...] les quiero dar una lición de las cosas de Argel, tal, que de aquí adelante ninguno les coja en mal latín en cuanto a su fingida historia".

eles decidem mandar pintá-las: "Dirigiram-se ao ateliê de um renomado pintor. Periandro encomendou a ele um grande quadro, onde estariam pintadas as principais aventuras de sua história".[12] A tela substituiria, assim, o relato: "Essa tela traria uma recapitulação que os dispensou de contar a sua história. A cada vez que lhe indagavam de suas aventuras, o jovem Antônio apontava para a tela".[13] Entre as palavras e as imagens há uma equivalência semântica perfeita, os relatos se tornam imagens e as imagens são verdadeiras narrações.

No caminho de volta ao seu vilarejo, Dom Quixote e Sancho Pança param em um albergue em que os papéis de parede são telas pintadas: "Foram instalados em uma sala baixa, em que velhas cortinas de sarja faziam as vezes de papel de parede, como é comum acontecer no campo". As cortinas também contavam histórias:

> Em uma delas fora pintado, por uma mão bastante inábil, o rapto de Helena, quando seu audacioso hóspede a levou de Menelau; em outra,

---

12 Ibid., p.437: "Desde allí se fueron en casa de un famoso pintor, donde ordenó Periandro que, en un lienzo grande, le pintase todos los más principales casos de su historia".

13 Ibid., p.439: "Este lienzo se hacía de una recopilación que les escusaba de contar su historia por menudo, porque Antonio el mozo declaraba las pinturas y los sucesos cuando le apretaban a que los dijese".

encontrava-se a história de Dido e Eneias, a heroína em uma torre alta, abanando um lenço para seu hóspede, que fugia pelo mar, levado por uma fragata ou brigantina.[14]

As representações desses dois episódios populares do ciclo de Troia inspiram Sancho: "Pois digo que em breve não haverá cabaré, taverna, albergue ou barbearia em que não veremos pintada a história de nossas aventuras. Mas gostaria que fosse pintada por uma mão mais hábil do que aquela, que desenhou estas figuras". O seu senhor concorda:

> Tens razão, Sancho, pois este pintor é como Orbaneja, pintor que vivia em Ubeda: quando lhe perguntaram o que ele pintava, respondeu, "o que lhe saísse". Se por acaso pintasse um galo, ele escrevia abaixo, *este é um galo*, para que não o confundissem com uma rena. Ora, parece-me, Sancho, que assim terá de ser o pintor ou escritor – são um mesmo – que queira pintar a história

---

14 Cervantes, *Don Quijote de la Mancha*, 1998., p.1202-3: "Alojáronle en una sala baja, a quien servían de guadameciles una sargas viejas pintadas, como se usan en las aldeas. En una dellas estaba pintada de malísima mano el robo de Elena, cuando el atrevido huésped se la llevó a Menelao, y en otra estaba la historia de Dido y de Eneas, ella sobre una alta torre, como que hacía de señas con una media sábana al fugitivo huésped, que por el mar sobre una fragata o bergantín se iba huyendo".

deste novo Quixote, pois pintaria ou escreveria qualquer coisa que lhe saísse.[15]

Dom Quixote não apenas tira proveito das sarjas pintadas para caçoar da continuação apócrifa de suas aventuras, publicada em 1614, como evoca ainda a equivalência fundamental entre o pintor e o escritor, os escritos e as imagens. Essa teoria, tantas vezes enunciada em livros de emblema que citam o verso de Horácio, *ut pictura poiesis*, justifica a longa ausência de ilustrações em textos que têm a capacidade de produzir, no espírito do leitor, a partir das meras palavras, a presença de lugares, eventos e personagens. Nos cinquenta anos iniciais de sua existência editorial, a história de Cervantes não foi ilustrada ou

---

15 Ibid., p.1203: "Yo apostaré – dijo Sancho – que antes de mucho tiempo no ha de haber bodegón, venta ni mesón o tienda de barbero donde no ande pintada la historia de nuestras hazañas; pero querría yo que la pintasen manos de otro mejor pintor que el que ha pintado a estas. – Tienes razón, Sancho – dijo don Quijote –, porque este pintor es como Orbaneja, un pintor que estaba en Úbeda, que cuando le preguntaban qué pintaba, respondía: 'Lo que saliere'; y si por ventura pintaba un gallo, escribía debajo: 'Este es gallo', porque no pensasen que era zorra. Desta manera me parece a mí, Sancho, que debe de ser el pintor o el escritor, que todo es uno, que sacó a luz la historia deste nuevo don Quijote que ha salido: que pintó o escribió lo que saliere".

então o foi por uma gravura em uma folha de rosto. Apenas em fins do século XVIII é que ela passou a ser acompanhada por um mapa das três expedições do *hidalgo* errante.

Cronologia e geografia

O primeiro mapa veio na edição de 1780. À diferença daquele que consta da edição erudita e anotada de John Bowles, de 1781, apresenta o traçado das itinerâncias de Dom Quixote e não, como o mapa inglês, a mera localização dos lugares mencionados na história.[16] Este mesmo mapa das viagens de Dom Quixote consta também da edição de 1797, publicada por Gabriel de Sancha.[17] Essa última edição foi estabelecida por Juan Antonio Pellicer, bibliotecário do rei e membro da Real Academia de História. Como indica a página de título, Pellicer oferece "um texto corrigido, com novas notas, novas ilustrações, uma nova análise e a vida do autor, com acréscimos". O mapa inserido na obra (Figura 2) tem o título de "Mapa geográfico das viagens de Dom Quixote e dos

---

16 Cervantes, *Historia del famoso Cavallero: Don Quixote de la Mancha*, 1781. Ver Biblioteca Nacional de España, *Los Mapas del Quijote*, op. cit., p.52-3.

17 Cervantes, *El ingenioso hidalgo Don Quixote de la Mancha*, 1797-1798. Ver Biblioteca Nacional de España, *Los Mapas del Quijote*, op. cit., p.56-61.

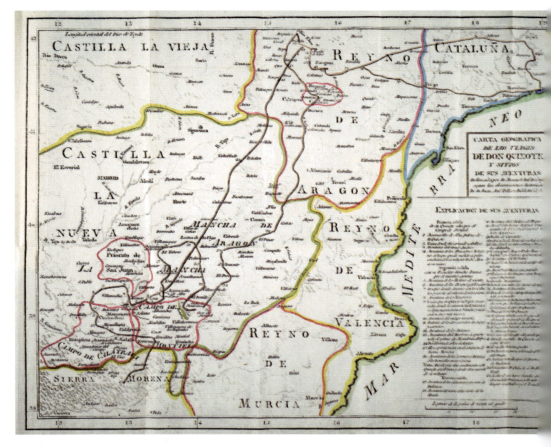

Figura 2. *Mapa geográfico das viagens de Dom Quixote e dos sítios de suas aventuras,* **desenho de Manuel Antonio Rodríguez.** Extraído de Miguel de Cervantes, *El ingenioso hidalgo Don Quixote de la Mancha* (1797-1798), segunda parte, t.V, entre as p.468-9. Kislak Center for Special Collections, Rare Books and Manuscripts, University of Pennsylvania.

Páginas seguintes:

Figura 3. *Plano geográfico das lagoas de Ruidera e do curso das águas que ali nascem e ganham o nome de rio Guadiana*, traçado por Juan de Villanueva. Extraído de Miguel de Cervantes, *El ingenioso hidalgo Don Quixote de la Mancha* (1797-1798), segunda parte, t.IV, p.262. Kislak Center for Special Collections, Rare Books and Manuscripts, University of Pennsylvania.

Figura 4. *Vista da célebre caverna de Montesinos,* desenho de Luis Paret y Alcázar. Extraído de Miguel de Cervantes, *El ingenioso hidalgo Don Quixote de la Mancha* (1797-1798), segunda parte, t.IV, p.244. Kislak Center for Special Collections, Rare Books and Manuscripts, University of Pennsylvania.

sítios de suas aventuras" e foi desenhado por Manuel Antonio Rodriguez a partir das "observações históricas" de Pellicer, que comenta o mapa em sua "Descrição geográfico-histórica das viagens de Dom Quixote de la Mancha".[18] Distingue 45 aventuras, distribuídas entre as três expedições, a primeira delas "sozinho, no Campo de Montiel", as duas outras acompanhado "de seu escudeiro". O mapa acrescenta novas identificações geográficas às propostas em 1780, como as de número 35, "Dom Quixote cruza o Ebro", ou 37, "Dom Quixote chega a Barcelona".

A edição traz ainda dois planos, um "Plano geográfico das lagoas de Ruidera e do curso das águas que delas saem, sob o nome de rio Guadiana" (Figura 3), a cargo de Juan de Villanueva, arquiteto do rei e da cidade de Madri – que identifica treze lagoas e não nove, como Cervantes –, e uma "Vista da célebre caverna de Montesinos" (Figura 4), visitada por Dom Quixote e Sancho nos capítulos 22 e 23 da segunda parte.[19] Nesta última prancha,

---

18 Cervantes, *El ingenioso hidalgo Don Quixote de la Mancha,* 1797-1798, segunda parte, t.V; Juan Antonio Pellicer, "Descripción geográfico-histórica de los viages de don Quixote de la Mancha", p.437-68. A "Carta geográfica de los viages de don Quixote y sitios de sus aventuras" está entre as p.468-9.

19 Ibid., segunda parte, t.IV, p.262: "Plano geográfico de las Lagunas de Ruidera y curso que hacen sus

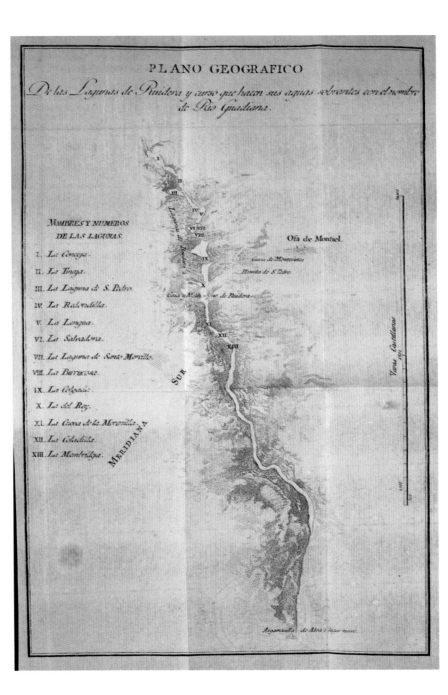

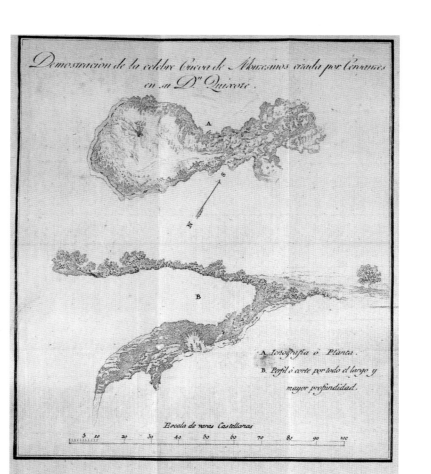

Demostracion de la celebre Cueva de Montesinos citada por Cervantes en su D.n Quixote.

A. Ichnografía ó Planta.
B. Perfil ó corte por todo el largo y mayor profundidad.

Escala de varas Castellanas

Vista exterior de la entrada.

um corte da caverna é acompanhado por uma "Visão externa da entrada", de autoria do pintor Luis Paret y Alcázar, que ilustrou a edição. É representada uma cena em que Dom Quixote, Sancho e seu primo, "famoso erudito e entusiasta dos livros de cavalaria", que conhece a localização da legendária caverna, chega à entrada da gruta que Dom Quixote, firmemente amarrado, está prestes a explorar.[20]

Encontram-se assim estreitamente associadas a exatidão geológica, a ficção narrativa e a erudição. A propósito das lagoas de Ruidera, cuja origem mítica é evocada no capítulo 23 da segunda parte,[21] Pellicer contesta, em sua "Descrição geográfico-histórica", as observações de Villanueva, arquiteto do rei que traçou o plano das lagoas e da caverna utilizado nas gravuras da terceira edição, e o faz a partir de documentos históricos preservados na Real Biblioteca. São citadas as respostas de habitantes

---

aguas sobrantes con el nombre de Río Guadiana"; e p.244: "Demostración de la celebre Cueva de Montesinos citada por Cervantes en su Don Quixote)". Ver Biblioteca Nacional de España, *Los Mapas del Quijote*, op. cit., p.62-5.

20 Cervantes, *Don Quijote de la Mancha*, 1998., p.814.

21 Ibid., p.821-2: "Solamente faltan Ruidera y sus hijas y sobrinas, las cuales llorando, por compasión que debió de tener Merlín dellas, las convirtió en otras tantas lagunas, que ahora en el mundo de los vivos y en la provincia de la Mancha las llaman las Lagunas de Ruidera".

de Daimiel e de Ossa de Montiel ao questionário das *Relaciones topográficas de los pueblos de España*, de Filipe II, além do manuscrito da *Historia eclesiástica de Toledo*, do jesuíta Román de la Higuera, que menciona numerosas inscrições romanas (o mesmo Higuera, lembra Pellicer, condenado pela fabricação de falsas crônicas paleocristãs).[22] As duas pranchas da edição de 1797 e os comentários correspondentes produzem um dos "feitiços" de *Dom Quixote*, borrando as distinções entre as invenções do mundo do texto e as realidades presentes no mundo dos leitores.

Os mapas que inscrevem em territórios conhecidos pelo leitor as itinerâncias imaginárias de um personagem de ficção incrementam os efeitos de realidade do texto. Na edição de 1780, Vicente de los Ríos se dedica a medir a plausibilidade da narração a partir da transformação das distâncias apresentadas no mapa em durações de viagem: uma extensão de terreno que corresponde a oito centímetros no mapa requer uma hora de viagem. Seu comentário parte de dois postulados: por um lado, as aventuras do Quixote, "herói moderno", são contemporâneas à publicação de seu relato e datam, assim, de 1604; por outro, a nos fiar-

---

22 Cervantes, *El ingenioso hidalgo Don Quixote de la Mancha*, 1797-1798, segunda parte, t.V; Juan Antonio Pellicer, "Descripción geográfico-histórica de los viages de don Quixote de la Mancha".

mos literalmente pelas indicações cronológicas do texto, as três expedições de Dom Quixote datariam, a primeira, de 28 e 29 de julho de 1604, a segunda, entre 17 de agosto e 2 de setembro de 1604, e a terceira, do período entre 3 de outubro e 29 de dezembro de 1604. Após seu último retorno, o cavaleiro errante torna-se novamente Alonso Quijano e vem a falecer em 8 de janeiro de 1605.[23]

A comparação entre a narração e o mapa permite corrigir os "erros de geografia" de Cervantes, que consigna um tempo demasiadamente breve às distâncias percorridas por seu herói. Um exemplo é extraído do capítulo 29 da segunda parte:

> Cervantes comete aqui um erro grave de geografia, pois, se a distância que separa no mapa o albergue das marionetes, ponto 23, e o rio Ebro e a aventura da barca encantada, ponto 25, for dividida em cinco dias, isso corresponderia a 14 léguas de viagem para cada dia; mas seria impossível que

---

23 Cervantes, *El ingenioso hidalgo Don Quixote de la Mancha* (1780), op. cit., t.I; Vicente de los Ríos, "Plan cronológico del Quixote", p.CLIII-CLXIV, aqui p.CLXIII: "Respecto á que Cervántes fingió á su Héroe moderno, y que á cada paso alude el mismo Don Quixote á sucesos recientes entónces, es fuerza suponerle contemporaneo de Cervántes, y habiéndose impreso el año de 1605 la primera parte del Quixote, su primera salida se supone haber sido el año anterior de 1604, y baxo de este supuesto se funda el siguiente cómputo".

Rocinante e o asno percorressem um caminho tão longo em tão pouco tempo.[24]

Do mesmo modo, no capítulo 50, a pajem enviada pela duquesa à mulher de Sancho não poderia ter realizado a viagem de ida e volta em seis dias, "pois o vilarejo de Dom Quixote se situa na Mancha próximo a Toboso e o palácio do duque a leste de Aragão, às margens do Ebro".[25]

Decididamente, a geografia de Cervantes não tem nada de cartográfica, como mostra a confusão, no capítulo 9 da segunda parte, quando tem início a terceira expedição do *hidalgo*, onde Cervantes

> [...] comete outro erro de geografia, quando afirma que, ao deixar Toboso, Dom Quixote e Sancho tomam o caminho de Saragoça, quando, na verdade, todos os lugares de suas aventuras de Toboso até as lagoas de Ruidera estão em Toboso, que se en-

---

24 Ibid., p.CLVIII: "Aqui cometió Cervántes un notable yerro de geografía, porque dividida en cinco jornadas la distancia que hay desde la venta del los títeres, que en el itinerario del mapa es el número 23, hasta el rio Ebro y aventura de barco encantado, número 25, corresponde á cada jornada unas 14 leguas de andadura, y no es posible que Rocinante y el rucio anduviesen tanto camino en tan poco tiempo".

25 Ibid., p.CLX: "[...] estando el Lugar de Don Quixote en La Mancha junto al Toboso, y el palacio de los Duques en Aragon à las orillas del Ebro".

contra na direção contrária à de Saragoça, que está situada ao norte, como mostra o itinerário traçado no mapa entre os pontos 17 e 22. Ele repete o mesmo erro no capítulo 14.[26]

A esses erros geográficos, Vicente de los Ríos acrescenta os de cronologia, detectados a partir dos desvios da narração em relação ao calendário por ele estabelecido. Cervantes situa a festa de Corpus Christi em outubro (e não em junho), descreve a recepção dos duques no verão, quando ela acontece em outubro, e situa a captura de Dom Quixote pelo bandido Roque Guinart às vésperas de São João, quando ela acontece nesse mesmo mês de outubro. Esses erros são provas das bem conhecidas negligências de um autor que esquece o que escreveu (por exemplo, a respeito da duração do governo de Sancho sobre a ilha de Barataria) ou repete a mesma cena (por exemplo, o envio da carta da duquesa à esposa de Sancho, narrada nos capítulos 46 e 50). Acrescentam-se assim, aos elementos inverossímeis identificados a

---

26 Ibid., p.CLVII: "También cometió otro yerro de geografía, diciendo, que al salir del Toboso Don Quixote y Sancho siguiéron el camino de Zaragoza, porque todos los Lugares de las aventuras desde el Toboso hasta las lagunas de Ruydera deben estar al medio dia del Toboso, direccion contraria á Zaragoza, que está al norte, como se demuestra en el itinerario señalado en el mapa desde el número 17 hasta el 22. Este yerro le repitió en el cap. XIV".

partir da comparação entre a narração e as distâncias calculadas no mapa, os anacronismos e negligências internas do próprio relato, que Vicente de los Ríos atribui à pressa com que Cervantes escreveu sua história, em particular a segunda parte.[27]

Em 1797, Pellicer recusa a leitura crítica adotada por Vicente de los Ríos. Em seu entender, a cronologia de Cervantes não é a de um historiador "que siga com exatidão a razão e a ordem do tempo", mas a de um poeta, "que tem o hábito de inverter e embaralhar essa ordem, como Virgílio com Dido e Eneias".[28] Do mesmo modo, "não devemos esperar de um poeta, autor de fábulas cavaleirescas, a observância estrita das leis geográficas que se impõe, ao contrário, ao historiador e ao cronista

---

27 Ibid., Vicente de los Ríos, "Análisis del Quixote", p.XLIII-CLII, em particular p.CLI: "[...] Cervantes escribió su Quixote de primera mano, sin detenerse á confrontar unos lugares con otros, y sin sujetarse á llevar una serie calculada en la cronología de su fábula".

28 Cervantes, *El ingenioso hidalgo Don Quixote de la Mancha* 1797-1798, segunda parte, t.V; Juan Antonio Pellicer, "Descripción geográfico-histórica de los viages de don Quixote de La Mancha", p.446: "[...] se debe considerar su cronologia no tanto como la de un historiador, que sigue con exactitud la razon y el orden de los tiempos, quanto como la de un poeta, que los suele invertir y trastornar, segun lo hizo Virgilio con Dido y Eneas".

de fatos verdadeiros".²⁹ Daí as contradições, obscuridades e inconsequências na localização das aventuras, "tão quiméricas quanto os lugares em que elas acontecem".³⁰

Retomando a distinção, tantas vezes enunciada no próprio livro, entre história e poesia, mas invertendo-a (*Dom Quixote* não é uma "história", mas uma "fábula"), Pellicer não propõe datas nem durações. Em compensação, recheia sua "Descrição" com observações eruditas, baseadas em documentos que consultou na Real Biblioteca ou na Academia de História. Por vezes, essas leituras lhe permitem preencher silêncios do relato de Cervantes. É o caso das notas consagradas às cidades de Cariñena, Cosuenda e Encinacorba, introduzidas durante os dois dias de caminhada sem aventura nem conversa mencionados no capítulo 29 da segunda parte: "Esse longo período de inatividade e silêncio pode ser suprido pela

---

29 Ibid.: "Esta misma consideracion parece justo se tenga tambien en la geografia que observó Cervantes, pues de un poeta y escritor de fabulas caballerescas no debe esperarse la rigurosa observancia de las leyes geograficas, que tanto obliga al historiador y cronista de sucesos verdaderos".

30 Ibid., p.445-6: "[...] si talvez se nota alguna obscuridad, contradicion é inconsequencia en la situacion de los lugares donde sucedieron las aventuras, pues se debe creer que asi como estas son chimericas, lo son igualmente muchos de los sitios donde acaecieron [...]".

referência às características de cada uma dessas cidades".[31] A erudição histórica completa as lacunas da narração "quando a história não oferece detalhes".[32]

Malgrado essas declarações, a identificação entre o mundo do texto e o do leitor permanece uma preocupação constante de Pellicer. Assim, ele identifica o palácio dos duques mencionado na história àquele dos duques de Villahermosa: "ao que tudo indica, os anfitriões de Dom Quixote eram seus senhores".[33] Repetidas vezes ele introduz hipóteses de teor "realista" nos silêncios do relato. Quando Cervantes nada diz acerca do caminho que Dom Quixote segue ao longo do Ebro, Pellicer propõe um itinerário a partir da identificação dos duques: "presume-se que nosso cavaleiro

---

31 Ibid., p.460: "Y supuesto que insinua Cervantes que dos dias, que tardaron en llegar al rio Ebro Don Quixote y su escudero, los pasaron sin hablar, y sin que les sucediese aventura alguna; se suplira esta dilatada inaccion y largo silencio, refiriendo alguna singularidad de cada una de las tres mencionadas villas".

32 Ibid., p.464: "la Historia nada especifica".

33 Ibid.: "Lo cierto es que la geografia, la cronologia, y las circunstancias de castillo, ó palacio, de jardin, y de bosque para monteria, que atribuye Cervantes á los huespedes de Don Quixote, se verifican en el palacio de Buenavia que tenían los duques de Villahermosa para su recreo: y todo concurre para conjeturar que estos eran aquellos señores".

errante se desviou do Ebre descendo por um riacho em direção a Saragoça, dado que os duques de Vilhahermosa, seus senhores, residiam em Pedrola".[34] Os "feitiços" de Dom Quixote parecem seduzir mesmo aqueles que, a princípio, postulam a ilusão da fábula.

Os itinerários traçados nos mapas da Espanha convidam os leitores a se tornar companheiros de viagem de Dom Quixote e Sancho.[35] Situando suas explorações e infortúnios em lugares reais identificados com precisão, os mapas de 1780 e 1797 cumprem múltiplos papéis. Oferecem um índice das aventuras do cavaleiro errante; remetem o leitor ao que ele próprio conhece e vivenciou; propiciam a abertura dos horizontes da história. A aventura que começa no estreito espaço do Campo de Montiel e da Sierra Morena conduz os heróis até Barcelona, passando por Castela e Aragão. Os "caminhos empoeirados" levam ao mar, que é posto a nu no capítulo 41 da segunda parte: "Dom Quixote e Sancho estenderam o olhar para todos os lados e viram o mar, que

---

34 Ibid.: "[...] es de presumir que nuestro caballero andante se *apartase* del Ebro, baxando por su orilla en busca de Zaragoza, porque estos señores eran los duques de Villahermosa, que residian en Pedrola".

35 Lewis, "Mapping Don Quixote's Route: Spanish Cartography, English Travellers and National Pride", *Studies in Eighteenth-Century Culture*, v.46, p.35-48, 2017.

até então não haviam contemplado; pareceu-lhes vasto, imenso, muito maior que as lagoas de Ruidera que conheciam em La Mancha [...]".[36] As duas paisagens, mar e lagoas, são indicadas no mapa de 1780. O ponto 22, situado no Campo de Montiel, designa as "Lagoas de Ruidera e a caverna de Montesinos", enquanto o 33, ao lado de "Barcelona", menciona o "Lugar da batalha do cavaleiro da Lua Branca na praia de Barcelona, na qual Dom Quixote foi derrotado".

Os mapas das errâncias do cavaleiro se tornam frequentes nas edições de *Dom Quixote* publicadas na primeira metade do século XIX. Todas elas são inspiradas em algum dos mapas do período precedente a que nos referimos. O mapa de 1780 é retomado por uma tradução inglesa surgida em 1801 e corrige a de Charles Jarvis publicada em 1742,[37] por uma

---

[36] Cervantes, *Don Quijote de la Mancha*, 1998, p.1130: "Tendieron don Quijote y Sancho la vista por todas partes: viendo el mar, hasta entonces dellos no visto; parecióles espaciosísimo y largo, harto más que las lagunas de Ruidera que en la Mancha habían visto [...]".

[37] Id., *The Life and Exploits of the Ingenious Gentleman Don Quixote de la Mancha* [Translated from the original Spanish of Miguel de Cervantes Saavedra, by Charles Jarvis, Esq. now carefully revised and corrected: with a new translation of the Spanish poetry. To which is prefixed a copious and new Life of Cervantes; including a critique of the Quixote;

edição em espanhol publicada em Berlim em 1805,[38] e pela edição "em miniatura", também em espanhol, publicada em Paris em 1827 e 1832 pelos irmãos Didot.[39] Já o mapa de 1797 é o modelo para o da edição em espanhol publicada em Paris em 1814 por Bossange e Masson (que utiliza três cores diferentes para cada uma das três saídas de Quixote),[40] para

---

also the chronological plan of the work. Embellished with new engravings, and a map of part of Spain], 1801. Ver Biblioteca Nacional de España, *Los Mapas del Quijote*, op. cit., p.66-7.

38 Id., *El ingenioso hidalgo Don Quixote de la Mancha*, 1804-1805. Ver Biblioteca Nacional de España, *Los Mapas del Quijote*, op. cit., p.68-9.

39 Id., *El ingenioso hidalgo Don Quijote de la Mancha*, 1827. [Edición en miniatura enteramente conforma a la ultima corregida y publicada por la Real Academia Española]. Ver Biblioteca Nacional de España, *Los Mapas del Quijote*, op. cit., p.82-3.

40 Id., *El ingenioso hidalgo Don Quixote de la Mancha* [Compuesto por Miguel de Cervantes Saavedra. Nueva edición, conforme en todo a la de la Real Academia Española, hecha en Madrid en 1782. Ademàs del Juico crítico ó Análisis del Quixote, el Plan cronológico de sus viages, la Vida de Cervantes, y los documentos que la comprueban, comprehendidos en la dicha edición de la Academia; se han añadido a esta las notas críticas y curiosas al Don Quixote, escritas por el señor Pellicer, Bibliotecario de S.M. etc. con hermosas láminas. Edición hecha baxo la dirección de Jose Rene Masson], 1814. Ver Biblioteca Nacional de España, *Los Mapas del Quijote*, op. cit., p.72-3.

o da tradução francesa publicada em Paris em 1821 por Desoer (com um mapa adicional do relevo das montanhas),[41] e, ainda, por outra tradução francesa, publicada em 1822 por Marius Méquignon-Marvis, cujo mapa foi "desenhado a partir das observações feitas por Bory de Saint-Vincent", um naturalista do exército.[42] Os dois modelos espanhóis são reencontrados nas primeiras edições americanas: a de Boston, surgida em 1836, é inspirada na de Bossange e, portanto, no mapa de 1797,[43]

---

[41] Id., *L'Ingénieux chevalier Don Quixote de la Manche*, 1821. Ver Biblioteca Nacional de España, *Los Mapas del Quijote*, op. cit., p.74-5.

[42] Id., *Le Don Quichotte* [Traduit de L'espagnol par H. Bouchon Dubornial, ancien ingénieur des Ponts et Chaussées de France et ancien professeur de L'Académie royale et militaire espagnole; nouvelle édition, revue, corrigée, ornée de douze gravures, et de La carte du voyage], 1822. Ver Biblioteca Nacional de España, *Los Mapas del Quijote*, op. cit., p.76-7.

[43] Id., *El ingenioso hidalgo Don Quijote de la Mancha* [Compuesto por Miguel de Cervantes Saavedra. Nueva edición clásica, ilustrada con notas históricas, gramaticales y críticas, por La Academia Española, sus individuos de número Pellicer, Arrieta, y Clemencín. Enmendada y corregida por Francisco Sales, A.M. instructor de Francés y Español en la Universidad de Harvard, en Cambrigia, Estado de Massachusetts, Norte América, Boston, Perkins y Marvin; Hillard, Gray y Cia, Russell, Shatttuck, y Cia; Crocker y Brewster, Munroe y Francis; S. Burdett], 1836. Ver Biblioteca Nacional de España, *Los Mapas del Quijote*, op. cit., p.86-7.

enquanto a edição da Cidade do México é fiel à de 1780.[44]

A mesma história continua na segunda metade do século XIX, mas com uma novidade. Em 1880, no livro de Manuel de Foronda, *Cervantes, viajero*, os materiais dos mapas não são buscados junto às itinerâncias de Dom Quixote, mas às viagens (atestadas ou supostas) daquele que as imaginou.[45] Em um mapa que traz o espaço do Mediterrâneo, europeu como africano, encontram-se as viagens de Cervantes pela Espanha, como acompanhante do legado do papa e pela Itália como soldado. Acompanha o autor pela batalha de Lepanto em 1571 e assinala com uma cruz o lugar de sua captura pelos piratas bárbaros em Baleares em 1575. As viagens são retomadas cinco anos mais tarde, com o fim do cativeiro em Argel e o retorno à Espanha, com uma suposta, embora duvidosa expedição aos Açores a partir de Lisboa, em 1581, e, por fim, com as últimas missões, realizadas

---

44 Id., *El ingenioso hidalgo Don Quijote de la Mancha* [Por Miguel de Cervantes Saavedra. Obra adornada de 125 estampas Litográficas y publicada por Masse y Decaen, impresores, Litógrafos y editores], 1842. Ver Biblioteca Nacional de España, *Los Mapas del Quijote*, op. cit., p.88-9.

45 Foronda, *Cervantes, viajero* [Con un prólogo del Excmo. señor Don Cayetano Rosell, de La Real Academia de la Historia, y un mapa con los viajes de Cervantes formado por Don Martín Ferreiro].

em Mostaganém e Oran. As itinerâncias do viajante Cervantes levaram-no a percorrer os mesmos espaços que os seus personagens: Dom Quixote, que passou por Castela e Aragão, os peregrinos do *Persiles*, que tomaram o caminho de Lisboa a Roma, ou ainda, os cativos Ruy Pérez de Viedma no *Dom Quixote* e Ricaredo em *A espanhola inglesa*, ambos levados às termas de Argel pelo infortúnio de suas navegações mediterrâneas.

Genealogia inglesa

Gulliver, 1726

Os mapas de *Dom Quixote* são tardios, foram acrescentados ao livro quando este já se tornara clássico e fora escrupulosamente editado e comentado com erudição. O mesmo não se aplica às três obras que constituem o ramo inglês de nossa genealogia, e que desde o início foram acompanhadas por mapas. Comecemos pela mais recente, as *Viagens de Gulliver*, publicadas em 1726.[1] Assim como no *Dom Quixote*, a obra oferece o relato das viagens de um personagem imaginário apresentado como se fosse real. Nesse caso, Lemuel Gulliver, que, após ter exercido o ofício de cirurgião em Londres, embarca como médico em diferentes navios– *Antílope, Aventura, Boa Esperança* – antes de se tornar capitão do *Aventura* em uma derradeira viagem. Quatro mapas mostram as ilhas e territórios abordados por Gulliver no decorrer de seus sucessivos périplos. O primeiro apresenta as ilhas de Lilliput e de Blefuscu, ambas "descobertas em 1699", na primeira viagem (Figura 5). O mapa as situa no oceano Índico, a sudoeste de outra ilha, esta autêntica, a de Sumatra.[2] Nesse mapa,

---

[1] Swift, *Travels into Several Remote Nations of the World*, 1726.

[2] Ibid., prancha I, parte I, p.I. O mapa vem antes da primeira página da história.

como nos três outros, as ilhas imaginárias do relato se localizam em fragmentos de mapas reunidos em um atlas publicado em 1715 por Herman Moll, cartógrafo alemão instalado em Londres.[3] O efeito de realidade é reforçado no próprio texto pelos detalhes oferecidos quanto à latitude de Lilliput e à distância que a separa de Blefuscu, oitocentas jardas.

O segundo mapa representa a península e a baía de Brobdingnag, situadas na costa oeste da "América do Norte", acima de "Nova Albion", território assim designado por Francis Drake, mas cuja localização exata era e continua sendo imprecisa (Figura 6). Todas as localidades costeiras indicadas ("Porto de Monterey", "Porto de Sir Francis Drake", "cabo Mendocino", "cabo de São Sebastião", "cabo Branco") pertencem à costa do Pacífico americano, o que contradiz o texto e incita o leitor a situar a viagem na Micronésia.[4]

Um terceiro mapa abre a terceira parte, cujo título joga com a associação entre duas

Páginas seguintes:

Figura 5. Mapa de Lilliput e Blefuscu.
Extraído de Jonathan Swift, *Travels into Several Remote Nations of the World*, 1726, prancha I, parte I, p.I. British Library.

Figura 6. Mapa da península e da baía de Brobdingnag.
Extraído de Jonathan Swift, *Travels into Several Remote Nations of the World*, 1726, prancha II, parte II, p.I. British Library.

---

3 Moll, *The World Described: Or, a New and Correct Sett of Maps. Shewing the Kingdoms and States in all the Known Parts of the Earth.* Ver Bracher, "The Maps in *Gulliver's Travels*", *Huntington Library Quarterly*, v.8, n.1, p.59-74, 1944, em particular p.61-4.

4 Swift, *Travels into Several Remote Nations of the World*, 1726, prancha II, parte II, p.I, antes da primeira página da segunda parte da história.

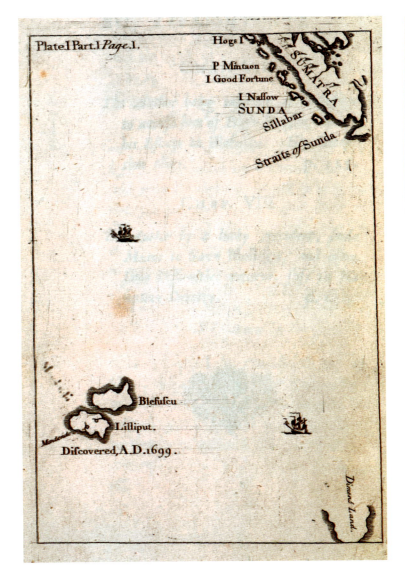

Genealogia inglesa

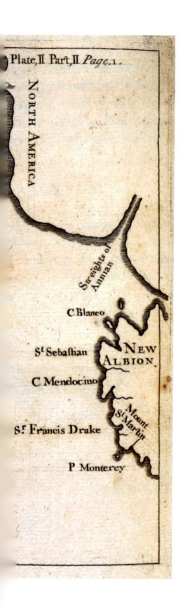

terras imaginárias e um país bastante real, "Viagem a Laputa, a Balnibarbi, a Luggnagg, a Glubbdubdrib e ao Japão" (Figura 7). Esse mapa situa as quatro ilhas a leste do Japão, que, por sua vez, é curiosamente localizado nas proximidades da baía de James, e indica, ainda, que Laputa e Balnibarbi foram "descobertas em 1701".[5] Entre as páginas 38 e 39 da terceira parte, a edição oferece um plano da ilha suspensa de Laputa e de sua terra firme, a ilha "continental" de Balnibarbi (Figura 8). Encontram-se representados no plano os movimentos da pedra magnética que comanda as subidas, descidas e deslocamentos da ilha.[6]

O último mapa é da ilha dos Houyhnhnms, "descoberta em 1711" durante a quarta viagem. Localiza-se ao sul das terras austrais, devidamente identificadas no continente australiano pelas menções a "Edels Land", "Lewins Land" e "Nuyts Land", além das ilhas Maatsuyker, na costa da Tasmânia (Figura 9).[7] Para deleite do leitor, os territórios mais extremamente inverossímeis são amparados por uma referência ao real.

---

5 Id., "Discovered A.D. 1701", em ibid., prancha III, parte III, p.I, antes da primeira página da terceira parte da história. No alto da carta vem a indicação: "Parts Unknown".

6 Ibid., prancha IV, parte III, p.39.

7 Ibid., prancha VI, parte IV, p.I, antes da primeira página da quarta parte da história.

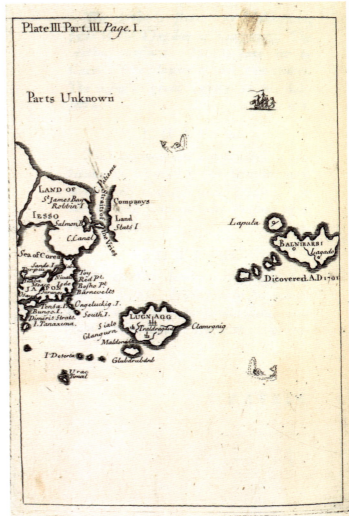

Figura 7. Mapa de Laputa, Balnibarbi, Luggnagg e Glubbdubdrib. Extraído de Jonathan Swift, *Travels into Several Remote Nations of the World,* 1726, prancha III, parte III, p.I.
British Library.

Figura 8. Plano de Laputa e de Balnibarbi. Extraído de Jonathan Swift, *Travels into Several Remote Nations of the World*, 1726, prancha IV, parte III, p.39.
British Library.

Figura 9. Mapa dos Houyhnhnms. Extraído de Jonathan Swift, *Travels into Several Remote Nations of the World*, 1726, prancha VI, parte IV, p.I.
British Library.

Os quatro mapas são reproduzidos na edição ilegal de Dublin, publicada em 1726,[8] e, posteriormente, em todas as edições do texto por Benjamin Motte, bem como na edição de George Faulkner, surgida em Dublin em 1735.[9] O próprio Jonathan Swift não apenas corrigiu os erros e alterações feitas na edição de Motte como restabeleceu as passagens que este havia censurado, e manteve os mapas, o que parece indicar que, mesmo que tenham sido de início inseridos sem o seu consentimento, julgou pertinente a presença deles em um livro que era, entre outras coisas, uma paródia dos relatos de viagem, tão populares na época.[10] As incoerências ou contradições na localização geográfica, verificadas entre o relato e os mapas, reforçaram a ironia pervasiva do romance.

Robinson Crusoé, 1719

As *Viagens de Gulliver* herdam de *Robinson Crusoé* o procedimento de situar viagens

---

8 Swift, *Travels into Several Remote Nations of the World*, 1726.

9 Id., *The Works of Jonathan Swift*. v.III of the Author's Works: Containing *Travels into Several Remote Nations of the World*, 1735.

10 Didicher, "Mapping the Distorted Worlds of *Gulliver's Travels*", *Lumen*, v.16, Freedom and Boundaries, p.179-96, 1997.

de ficção em um mapa autêntico. As três primeiras edições do livro de Daniel Defoe, publicadas em abril, maio e junho de 1719, não trazem mapas. Já a quarta, impressa no início de agosto desse mesmo ano, oferece ao leitor um "Mapa do mundo, no qual se encontram traçadas as viagens de Robinson Crusoé" (Figura 10).[11] Esse mapa do mundo também é inserido na continuação do livro, publicada ainda em 1719.[12] A sequência das aventuras de Robinson Crusoé estava implicitamente sugerida no fim do primeiro livro: "Oferecerei em outra ocasião um relato circunstanciado de todas essas coisas e de alguns incidentes

Figura 10. *Mapa do mundo no qual estão traçadas as viagens de Robinson Crusoé,* gravura de Herman Moll. Extraído de Daniel Defoe, *The Life and Strange Surprizing Adventures of Robinson Crusoe,* of York, Mariner, 1719.
AF Fotografie / Alamy Stock Photo.

11 Defoe, "Map of the World, on which is Delineated the Voyages of Robinson Cruso", em *The Life and Strange Surprizing Adventures of Robinson Crusoe, of York, Mariner.* [Who lived eight and twenty years, all alone in an un-inhabited Island on the Coast of America, near the Mouth of the Great River Oroonoque; Having been cast on Shore by Shipwreck, wherein all the Men perished but himself. With an Account how he was at last as strangely deliver'd by Pyrates. Written by Himself, The fourth Edition. To which is added a Map of the World, in which is Delineated the Voyages of Robinson Crusoe], 1719.

12 Id., *The Farther Adventures of Robinson Crusoe.* [Being the Second and Last Part of His Life and of the Strange Surprizing Accounts of his Travels Round three Parts of the Globe. Written by Himself. To which is added a Map of the World, in which is Delineated the Voyages of Robinson Crusoe], 1719.

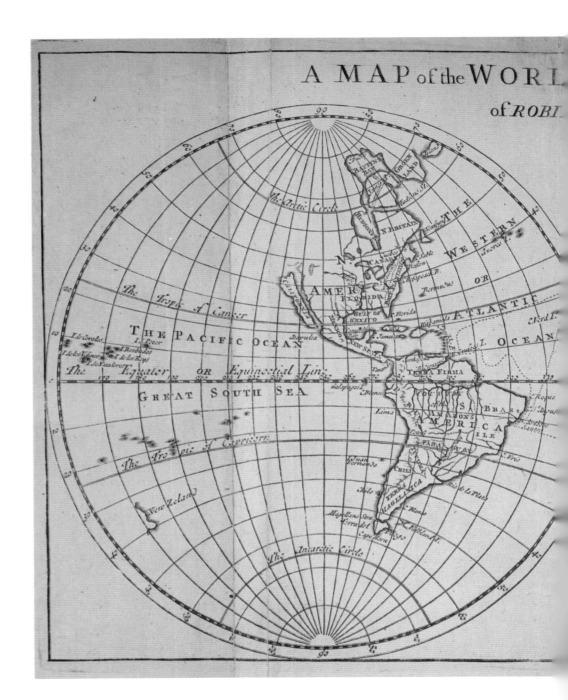

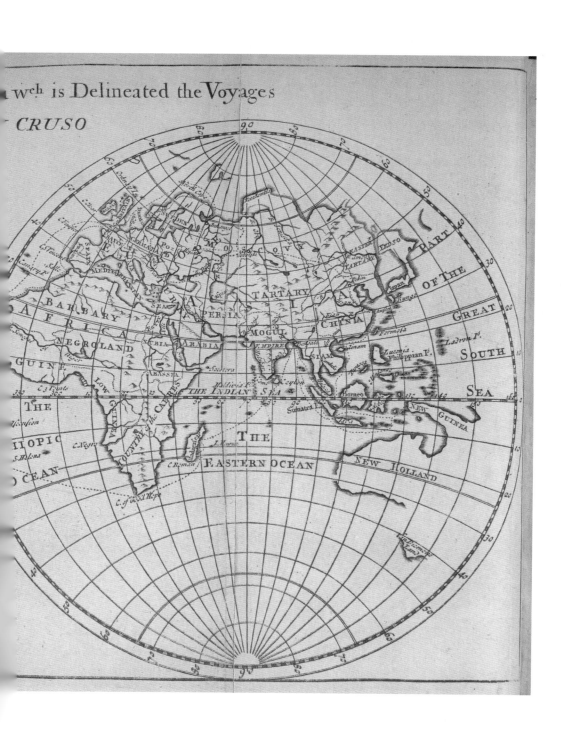

surpreendentes de minhas novas aventuras ocorridas ao longo de dez anos".[13]

O mapa do mundo utilizado por Defoe foi desenhado pelo geógrafo Herman Moll em 1709 (Figura 11).[14] Encontra-se na abertura do atlas cujos mapas serão utilizados na quarta edição das *Viagens de Gulliver*. Em 1712, ele ilustra as viagens de Woodes Rogers, cujas navegações e paradas o leitor acompanha em linhas pontilhadas (Figura 12).[15] O relato dessa

---

13 Id., *The Life and Strange Surprizing Adventures of Robinson Crusoe*, 1719, p.364: "All these Things, with some very surprising Incidents in some new Adventures of my own, for ten Years more, I may perhaps give a farther Account of hereafter".

14 Moll, *A New and Correct Map of the World, Laid Down According to the Newest Discoveries, and From the Most Exact Observations*, 1709. Cf. Zukas, "Commodities, Commerce, and Cartography in the Early Modern Era: Herman Moll's World Maps, 1700-1730", em Rotenberg-Schwartz (org.), *Global Economies, Cultural Currencies of the Eighteenth Century*, p.1-35; e id., "Negotiating Oceans, Islands, Continents, and British Imperial Ambitions in the Maps of Herman Moll, 1697-1732", em Dodeman; Pedri (orgs.), *Negotiating Waters: Seas, Oceans, and Passageways in the Colonial and Postcolonial Anglophone World*, p.25-55.

15 Moll, "A Map of the World with the Ships Duke & Dutchess Tract Round it from 1708 to 1711", em Rogers, *A Cruising Voyage Round the World: First to the South-Seas, thence to the East-Indies, and Homewards by the Cape of Good Hope.* [Begun in

viagem ao redor do mundo está estreitamente ligado ao livro publicado sete anos mais tarde por Defoe, inspirado na história da estadia solitária de quatro anos de Alexander Selkirk em uma ilha do arquipélago Juan Fernández, na costa do Chile.[16] O parentesco entre as destinações fica evidente com a inserção, nos dois livros, do mesmo planisfério estabelecido por Moll. Em 1719, ele não mostra mais as errâncias de uma expedição autêntica, mas as navegações de um herói de ficção, assim como o mapa da Espanha mostrará, em 1780, as errâncias de Dom Quixote pelas veredas de La Mancha e de Aragão.

O leitor de Defoe pode assim acompanhar as duas viagens de Robinson pelas encostas da África, sua travessia do Atlântico com o capitão português que o leva ao Brasil (onde ele permanece por quatro anos e enriquece

---

1708, and finish'd in 1711. Containing a Journal of all the Remarkable Transactions; particularly, Of the Taking of Puna and Guaiquil, of the Acapulco Ship, and other Prizes; An Account of Alexander Selkirk's living alone for four Years and four Months in an Island; and a brief Description of several Countries in our Course noted to Trade, especially in the South-Sea. With Maps of all the Coast, from the best Spanish Manuscript Draugthts. And an Introduction relating to the South-Sea Trade. By Captain Woodes Rogers, Commander in Chief on this Expedition, with the Ships Duke and Dutchess of Bristol], 1712.

16 Ibid., p.125-31.

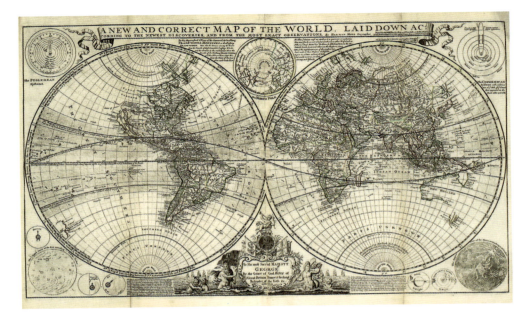

Figura 11. *Novo e correto [sic] mapa do mundo*, gravura de Herman Moll. Herman Moll, *A New and Correct Map of the World, Laid Down According to the Newest Discoveries anf From the Most Exact Observations*, 1709.
David Rumsey Map Collection; David Rumsey Map Center; Stanford Libraries.

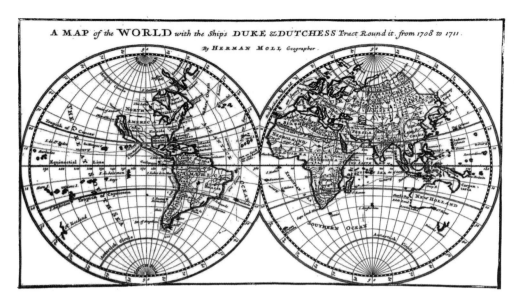

Figura 12. *Mapa do mundo com a rota que os navios Duque e Duquesa seguiram para realizar a volta ao mundo de 1708 a 1711*, gravura de Herman Moll. Extraído de Woodes Rogers, *A Cruising Voyage Round the World: First to the South-Seas, thence to the East-Indies, and Homewards by the Cape of Good-Hope*, 1712. HathiTrust Digital Library.

Genealogia inglesa

como proprietário de uma plantação de cana-de-açúcar), o desvio pela costa setentrional do Brasil (e não pelo Caribe), em uma viagem que irá levá-lo à costa da Guiné para realizar tráfico de escravos, e, por fim, o seu retorno à Inglaterra.[17] Muitos lugares essenciais do relato são assinalados no mapa: "Salle", o porto marroquino em que Robinson Crusoé é detido como escravo após ser capturado por um corsário turco; o "rio Senegal", próximo ao "Cabo Verde", ao sul das "ilhas Canárias" e à altura da "Ilha do Cabo Verde", que Robinson poderia alcançar após sua fuga de Salle; a "Baía de Todos os Santos", próxima à cidade de Salvador, em que atraca o navio português que irá recolhê-lo; o rio "Orinoco", em cuja embocadura Robinson situa a sua ilha, e as "ilhas Caribenhas", onde vivem, segundo Sexta-Feira, os povos mais próximos.[18]

Na continuação do livro, publicada com o título de *The Farther Adventures of Robinson Crusoe*, o leitor pode acompanhar as novas

---

17 Nash, *Wild Enlightenment: The Borders of Human Identity in the Eighteenth Century*, p.81-2.

18 Esses diferentes lugares são mencionados em Defoe, *The Life and Strange Surprizing Adventures of Robinson Crusoe*, 1719, p.20 ("*Sallee*"), p.29 ("Islands of the *Canaries* and the *Cape de Verd*"), p.32 ("River *Gambia* or *Senegall*"), p.38 ("*Bay de Todos los Santos, or All-Saints Bay*") e p.255 ("*Oroonooko*", "*Caribbees*").

viagens do marinheiro, que o conduzem ao Brasil e a Madagascar, após dobrar o cabo da Boa Esperança, e, depois, ao oceano Índico, a Bengala, à Insulíndia, às encostas da China, à "Tartária", à "Moscóvia", e, por fim, o seu retorno à Inglaterra. Inserido no primeiro livro, o mapa antecipa a sua segunda parte.

O mapa da ilha surge apenas na segunda continuação do livro, que apresenta a moral da fábula e é publicada em 1720 como um conjunto de reflexões estéticas e filosóficas.[19] Inserido no início do volume, dirige-se ao leitor que tenha lido o relato das aventuras de Robinson em sua ilha, entre o naufrágio e a chegada do navio inglês com o qual retornará a seu país. O mapa, uma vista cavaleira da ilha, não é topográfico, mas narrativo (Figura 13). Retomando um procedimento antigo, da pintura medieval e renascentista, a gravura insere na sincronia de uma representação visual a sucessão de diferentes momentos do relato.[20]

Na seção inferior da gravura, percebem-se os detritos do navio que naufragou próximo à ilha. Encontram-se representadas na imagem o

---

19 Defoe, *Serious Reflections during the Life and Surprising Adventures of Robinson Crusoe* [With his Vision of the Angelick World. Written by Himself], 1720. O mapa da ilha vem em página à parte, no começo da obra.

20 Bushell, *Reading and Mapping Fiction: Spatialising the Literary Text*, p.65-6.

Genealogia inglesa

Figura 13. Mapa da ilha de Robinson Crusoé, gravura de Clark and Pine. Extraído de Daniel Defoe, *Serious Reflections during the Life and Surprising Adventures of Robinson Crusoe*, 1720, encarte.
Rev. Thomas Tilford; Internet Archive.

que Robinson chama de suas *plantations*: sua "pequena fortaleza", protegida por uma alta paliçada, onde se pode ler, em uma filactera, o grito de seu papagaio, "*Poor Robin Crusoe!*", e sua "casa de campo".[21] Em três diferentes pontos, o desenhista situa os indígenas desembarcados na ilha: no alto à esquerda estão reunidos os primeiros canibais que Robinson viu, após ter descoberto pegadas e ossos humanos, e que, como ele diz, puseram-se a dançar por uma hora antes de partir; no alto à direita estão os que chegaram um ano e três meses mais tarde, entre eles o futuro Sexta-Feira, que vemos fugindo de seus inimigos, prontos a despedaçá-lo e devorá-lo; por fim, à esquerda, após três anos de convivência entre Sexta-Feira e Robinson, aparecem os 21 selvagens destinados ao seu festim.[22] É a parte mais detalhada da gravura, ilustrando o relato de Sexta-Feira, segundo o qual "eles estavam reunidos em torno de uma fogueira, comiam a carne de um dos prisioneiros; a poucos metros dali, um outro [o prisioneiro espanhol], preso à areia, aguardava sua vez de ser morto". O instante escolhido pelo dese-

---

21 Defoe, *The Life and Strange Surprizing Adventures of Robinson Crusoe*, 1719, p.179: "two plantations", "my little fortification", "my country seat"; e p.168 : "poor Robin Crusoe".
22 Ibid., p.216: "they went to dancing"; p.238-44 e p.273-82.

nhista é descrito por Robinson nos seguintes termos: "não havia sequer um momento a perder; dezenove desses desgraçados miseráveis estavam sentados nus sobre a areia, dois outros haviam se erguido e dirigiam-se para degolar o pobre cristão".[23]

A seção inferior da ilustração é dedicada a três outros episódios da história, mostrados da esquerda à direita: Robinson e Sexta-Feira na piroga que os levaria à terra deste último; Robinson e Sexta-Feira recebendo os três prisioneiros que os amotinados ingleses desembarcaram na ilha, o capitão, seu auxiliar e um passageiro; e, no canto inferior da imagem, o navio inglês, recuperado pelo capitão, que levará Robinson e Sexta-Feira à Inglaterra, depois de 28 anos, dois meses e dezenove dias passados na "ilha do desepero".[24]

---

[23] Ibid., p.276: "[Friday] told me that they were all about their Fire, eating the Flesh of one of their Prisoners; and that another lay bound upon the Sand, a Little from them, which he said they would kill next"; e p.277: "I had now not a Moment to Loose; for nineteen of the dreadful Wretches sate upon the Ground, all close huddled together, and had just sent the other two to butcher the poor *Christian*".

[24] Ibid., p.270, p.301-2 e p.323: "I cast my Eyes to the Ship". "Island of Despair" é o nome que Robinson Crusoé dá à ilha na primeira entrada de seu diário, em ibid., p.81.

O mapa do mundo que exibe os traçados das viagens de Robinson Crusoé é destinado a fortalecer a crença ou ao menos a suspender a incredulidade em relação à autenticidade de um relato supostamente escrito por um viajante verdadeiro. Apresentando numerosos episódios como contemporâneos e pondo em cena os protagonistas da história, o mapa da ilha, a exemplo das ilustrações de romances dessa mesma época, tenta produzir efeitos de realidade que reconhecem a ficção enquanto tal. A gravura remete ao texto de Defoe ao mesmo tempo em que toma distância em relação a ele. Nas três cenas em que aparecem canibais, o canibalismo é fortemente eufemístico. À diferença das ilustrações de relatos de viagem do século XVI, de Hans Staden[25] ao frade André Thevet[26] ou Jean de Léry,[27] em

---

25 Staden, *Warhaftig Historia und Beschreibung eyner Landtschafft der Wilden, Nacketen, Grimmigen Menschfresse Leythen, in der Newenwelt America gelegen* [...] [Da sie Hans Staden von Homberg auss Hessen durch sein eygne erfahrung erkant], 1557, cap.XXIX, fólio III frente-T IV verso.

26 Thevet, *Les Singularitez de la France antarctique, autrement nommée Amérique* [et de plusieurs Terres & Isles decouvertes de nostre temps, par F. André Thevet, nastif d'Angoulesme], 1558, cap.LX: Comme ces Barbares font mourir leurs ennemis, qu'ils ont pris en guerre, & les mangent, p.75-8, grav. p.77.

27 Léry, *Histoire d'un voyage faict en la Terre du Brésil, autrement dite Amerique* [revue, corrigée, et bien

nenhuma parte há corpos decepados, grelhados ou devorados. As passagens do texto em que Robinson Crusoé declara horror e repulsa diante desses hábitos bárbaros, que Deus permitiu, mas castigará, não recebem tradução iconográfica. O mapa, como justaposição de diversas cenas da história entre a chegada e a partida de Robinson, marcadas por dois navios, um que afunda, outro que atraca, não descreve uma ilha deserta habitada por um náufrago solitário, mas um espaço povoado em que se emparelham, se enfrentam ou se encontram os indígenas caraíbas e os marinheiros ingleses.

Mundus Alter et Idem, 1605

Jonathan Swift certamente conhecia *Robinson Crusoé*, e, sem dúvida, lera também um livro mais antigo, publicado em Londres, em

---

augmentée en ceste seconde édition, tant de figures, qu'autres choses notables sur Le sujet de l'auteur. Le tout recueilli sur les lieux, par Jean de Léry], 1580, cap.XV: Comment les Ameriquains traitent leurs prisonniers prins en guerre: & les ceremonies qu'ils observent tant à les tuer qu'à les manger, p.211-30. Nenhuma das gravuras acrescentadas a essa edição mostra o festim canibal, que, no entanto, é descrito por Léry: "Aqui está então, assim como eu vi, como os selvagens americanos cozinham a carne de seus prisioneiros capturados na guerra." (p.219).

1605: *Mundus Alter et Idem*.[28] A obra, que a página de rosto atribui a Mercurius Britannicus, é o relato da descoberta de um continente até então desconhecido, realizado pelo bispo anglicano Joseph Hall. A atribuição, sugerida por John Milton, ferrenho adversário de Hall, é confirmada por numerosos indícios textuais. O livro foi impresso em Londres com um falso endereço de Frankfurt, contornando assim o *Bishop's Ban* de 1º de junho de 1599, assinado pelo arcebispo da Cantuária e pelo bispo de Londres, que proibia a publicação de toda sátira ou epigrama.[29] O próprio Hall fora alvo do decreto, que recaiu sobre sua obra *Virgidemiarum*.[30] O livro de Hall que nos interessa aqui é uma sátira política e religiosa disfarçada de relato de uma viagem pelas terras austrais situadas ao sul do cabo da Boa Esperança. Esse "Novo Mundo" é uma Europa pelo avesso, ou, mais exatamente, uma utopia inversa, na qual os Estados são habitados por glutões, bêbados, ladrões, loucos e mulheres. Essa profecia

---

28 Mercurius Britannicus, *Mundus Alter et Idem Sive Terra Australis antehac semper incognita; longis itineribus peregrini Academici nuperrime lustrata*, 1605.

29 Jones, "The *Bishop's Ban* of 1599 and the Ideology of English Satire", *Literature Compass*, v.7, n.5, p.332-46, 2010.

30 Hall, *Virgidemiarum: Sixe Bookes. First three Bookes. Of Toothlesse Satyrs*, 1597.

calamitosa é um prenúncio daquele que é, na opinião de Hall, o destino da Inglaterra, onde triunfam vícios e desregramentos de toda sorte. A sátira zomba dos relatos de viagem, gênero que embeleza a realidade, ataca a Igreja Católica e parodia a erudição, oferecendo um sem-número de notas, saturadas de etimologias e referências doutas, e contém um índice e reproduções de inscrições de moedas.[31]

A primeira edição teve duas tiragens. Em uma delas, não sabemos ao certo qual, o texto é acompanhado por cinco grandes mapas inseridos ao longo da obra e quatro menores em uma mesma página do livro. O primeiro mapa, entre as páginas 18 e 19, traz a localização da terra de Crapulia, dividida entre duas províncias ou reinos, Panfagônia e Ivrônia (Figura 14). Essas terras austrais estão situadas ao sul dos quatro continentes – África, América, Ásia, Europa –, cujos contornos, desenhados de maneira minimamente adequada, se encontram, entretanto, bastante próximos entre si. Na parte superior do mapa estão indicadas algumas cidades da "Gália" (La Rochelle, Bayone), da "Hispânia" (Compostela, Lisboa, Sevilha) e da Itália (Roma e Nápoles), além de Constantinopla. A ilustração situa territórios imaginários em um mundo que se assemelha

---

31 Uma tradução inglesa do texto em latim se encontra em Wands (org. e trad.), *Another World and Yet the Same: Bishop Joseph Hall's* Mundus Alter et Idem.

Genealogia inglesa

Figura 14. Mapa da terra de Crapulia. Extraído de Mercurius Britannicus [Joseph Hall], *Mundus Alter et Idem sive Terra Australis antehac semper incognita; longis itinirebus peregrini Academici nuperrime lustrata*, 1605, entre p.18-9. Kislak Center for Special Collections, Rare Books and Manuscripts, University of Pennsylvania.

ao conhecido. O objetivo é duplo. Ela indica o itinerário de Mercurius Britannicus, estudante de Cambridge que sai em viagem – "passados dois anos, e tendo deixado para trás as ilhas da Boa Ventura, a costa da África, a terra dos Monomotapas e o cabo da Boa Esperança, saudei o cabo Negro de Crapulia"–,[32] ao mesmo tempo que reforça esta outra ilusão geográfica, produzida pelas indicações contidas no texto: "A longitude de Crapulia se estende até os 74 graus, sua latitude é de 60 graus. Está a 11 graus de distância do cabo da Boa Esperança, situando-se quase diretamente em face da África".[33] A nota aposta ao nome "Crapulia" cita a *História Natural* de Plínio, o Velho (livro 21, cap.2), e Fócio, que esclarece a etimologia grega do nome; já a etimologia de "Ivrônia" remete ao francês *ivre*, "bêbado". Esse primeiro mapa do livro de Hall pode ter servido de inspiração ao gravurista de Swift,

---

[32] Citamos e traduzimos o texto a partir de Wands (org. e trad.), *Another World and Yet the Same*, op. cit., p.17. O texto em latim se encontra em Mercurius Britannicus, *Mundus Alter et Idem*, 1605. p.18: "postque biennium Insulis Fortunatis, litore Africano, Monomotapensi terra, ac promontorio a tergo relictis, nigellam Crapulia caput salutavi".

[33] Ibid., p.19. Texto em latim, em ibid., p.20: "Longitudine quidem ad gradum 74. Latitudine verò ad sexagesimum porrigitur: A *Capite Bona spei* 11 grad. distat: totiquefere Africæ ex adverso iacet".

que também associa terras imaginárias a territórios autênticos.

O mapa seguinte de *Mundus Alter et Idem* vai na mesma linha. Inserido entre as páginas 20 e 21, traz em detalhe as localizações e relevos de províncias da Golosina a Ivrônia, em face de Madagascar, ao norte, e da "América meridional" a oeste (Figura 15). Os mapas restantes apagam as terras reais. É o que acontece no mapa de Viraginia, entre as páginas 90 e 91 (Figura 16); no da terra da Livernia, inserido entre as páginas 112 e 113, a situa à margem esquerda do rio Trífon e tendo à direita a terra da Credúlia (Figura 17); e, por fim, o mapa dedicado aos estados de Fenácia e Larcínia, situados ao sul do "Mare Pacificum", inserido entre as páginas 192 e 193 (Figura 18).

O texto em latim foi reeditado em 1607, em Hanôver, com uma nova página de rosto em que figuram personificações alegóricas e humanas da geometria e da cosmografia.[34] Os cinco grandes mapas reaparecem em novas gravuras, no entanto muito similares às da primeira edição, no final do tomo (embora não em todos os exemplares). Uma reedição londrina, também de 1607, e mais uma vez com indicação de Frankfurt, os restitui aos

---

34 Mercurius Britannicus, *Mundus Alter et Idem Sive Terra Australis antehac semper incognita; longis itineribus peregrini Academici nuperrime lustrata.* Hanôver: Wilhelm Antonius, 1607.

Figura 15. Mapa das províncias de Golosina e Ivrônia. Extraído de Mercurius Britannicus [Joseph Hall], *Mundus Alter et Idem sive Terra Australis antehac semper incognita; longis itinirebus peregrini Academici nuperrime lustrata*, 1607. Kislak Center for Special Collections, Rare Books and Manuscripts, University of Pennsylvania.

Figura 16. Mapa da terra de Viragínia. Extraído de Mercurius Britannicus [Joseph Hall], *Mundus Alter et Idem sive Terra Australis antehac semper incognita; longis itinirebus peregrini Academici nuperrime lustrata*, 1607.
Kislak Center for Special Collections, Rare Books and Manuscripts, University of Pennsylvania.

Figura 17. Mapa da terra de Lavernia. Extraído de Mercurius Britannicus [Joseph Hall], *Mundus Alter et Idem sive Terra Australis antehac semper incognita; longis itinirebus peregrini Academici nuperrime lustrata, 1607.*
Kislak Center for Special Collections, Rare Books and Manuscripts, University of Pennsylvania.

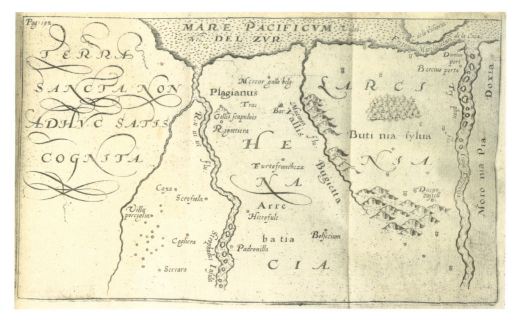

Figura 18. Mapa dos Estados de Fenácia e Larcínia. Extraído de Mercurius Britannicus [Joseph Hall], *Mundus Alter et Idem sive Terra Australis antehac semper incognita; longis itinirebus peregrini Academici nuperrime lustrata*, 1607. Kislak Center for Special Collections, Rare Books and Manuscripts, University of Pennsylvania.

mesmos lugares em que ocorriam na primeira edição de 1605.[35]

A obra foi publicada em inglês por Edward Blount e William Barret em 1609, em tradução de John Healey não autorizada por Joseph Hall.[36] O novo título, *The Discovery of a New World*, suprime o oximoro do título em latim, que designava a terra austral como um mundo ao mesmo tempo diferente daquele dos leitores e idêntico a ele. A edição não traz nenhum mapa. Em vez disso, constam da página de rosto dois cartuchos circulares com pequenos fragmentos de mapas contendo os nomes dos quatro estados descritos em cada uma das quatro partes do livro: "Tenter-Belly" e "Fooliana" à direita de Mercúrio, "Shee-Land" e "Theevingen" à sua esquerda, ou seja, os reinos dos glutões e dos tolos, e os das mulheres e dos ladrões. Em uma epístola assinada "J. H., the Translator, unto J. H., the Author", Healey explica-se a Hall, que poderia se sentir prejudicado pelas liberdades tomadas na tradução: "Sempre que me afasto do vosso texto original, ou é para melhor exprimir o seu sentido ou para fazer jus ao

---

[35] Wands, "The Early Printing History of Joseph Hall's *Mundus Alter et Idem*", *The Papers of the Bibliographical Society of America*, v.74, n.1, p.1-12, 1980.

[36] Hall, *The Discovery of a New World or A Description of the South Indies: Hetherto Unknowne*, 1609.

vosso pensamento. Espero que vos contentem as minhas soluções".[37] Na verdade, o tradutor não foi fiel nem ao texto de Hall, que ele abrevia, amplia e amputa à vontade, inserindo, inclusive, numerosas notas de erudição, nem ao seu estilo, tratando os nomes latinos inventados como aliterações e assonâncias da língua inglesa. O próprio Healey reconhece que é assim na reedição de 1613, onde, evocando o texto original, ele declara que o "seu" livro "não tem nada a ver com o de Hall, seja quanto à maneira ou ao estilo seja quanto ao discurso, mas apenas no que diz respeito à invenção e à intenção".[38]

É possível que Swift tenha lido o *Mundus Alter et Idem* de Hall em um exemplar de uma das edições do início do século XVII. Mais provável, no entanto, é que tenha utilizado a edição de 1643, publicada em Londres novamente com um falso endereço, dessa vez Utrecht.[39] Nessa edição composta, o texto

---

37 Ibid., fólio frente: "Where I varye from your Originall, it is eyther to expresse your sence, or preserve your conceit. Thus I hope to heare you satisfied [...]".

38 Hall, *The Discovery of A New World or A Description of the South Indies* 1613, fólio 2 verso: "No more doth this worke any way resemble his in fashion, stile, or discourse, but onely in the invention and project".

39 Mercurius Britannicus, *Mundus Alter et Idem Sive Terra Australis antehac semper incognita; longis itineribus peregrini Academici nuperrime lustrata.* [Accessit propter affinitatem materiæ Thomæ

latino original, com os cinco mapas que o ilustram, vem acompanhado da *Civitas Solis* de Tommaso Campanella[40] e da *Nova Atlantis* de Francis Bacon.[41] Para o editor que reuniu esses três textos em um mesmo volume, cada um com sua página de rosto e paginação própria, a utopia e a distopia pertencem, ao que tudo indica, a um mesmo registro da escrita.

Campanellæ, *Civitas Solis* et *Nova Atlantis*. Franc. Baconis, Bar. de Verulamio]. Utrecht: Johannes Janssonius van Waesberge, 1643.

40 Campanellæ, *Civitas Solis Poetica: Idea Reipublicæ Philosophicæ*, 1643. A primeira edição impressa da obra de Campanella, escrita em italiano em 1602, traz o texto em latim, que ele mesmo traduziu: Campanelæ, *Appendix Politica Civitas Solis Idea Reipublicæ Philosophicæ*, 1623.

41 Bacon, *Nova Atlantis* [per Franciscum Baconum, Baronem de Verulamio, Vice-Comitem S. Albani] [*Nova Atlântida*], 1643. Publicada em inglês em 1627 como apêndice ao livro póstumo de Bacon, *Sylva Sylvarum, or a Naturall Historie: In Ten Centuries*, a *New Atlantis* surge também em tradução latina de William Rawley em Francisci Baconi [Baronis de Verulamio, Vice-Comitis Sancti Albani], *Operum Moralium et Civilium*, p.351-86, 1638.

*O mapa de lugar nenhum: a Utopia, 1516*

UTOPIAE INSVLAE FIGVRA

O mapa de lugar nenhum: a Utopia, 1516

As terras austrais de Joseph Hall podem ter servido de inspiração às ilhas de Jonathan Swift, e o mesmo pode ter acontecido com esse outro livro, que estava em sua biblioteca e que deve ser situado na origem dos mapas de ficção: a *Utopia*, de Thomas More.[1] Desde a primeira edição, publicada em Louvain em 1516, um mapa da ilha de Utopia encontra-se impresso no verso da página de rosto, em alfabeto utópico (Figura 19).[2] Seu título, *Utopia e Insulae Figura*, refere-se a uma representação da ilha visitada por Rafael Hitlodeu, marinheiro português que acompanhou Américo Vespúcio em suas quatro expedições e que descobriu a ilha em questão. Utilizando as convenções dos cartógrafos da época, o mapa é um dos dispositivos graças aos quais o leitor é convidado a crer na existência do país dos utópicos. Ele como que assegura a veracidade do relato, assim como o fazem as demais peças preliminares: a carta endereçada por Peter Giles secretário da cidade de Anvers e editor

Figura 19. Mapa da ilha de Utopia (*Utopiae Insulae Figura*), na edição de Louvain, 1516, provavelmente desenhado por Gerhard Geldenhauer. Extraído de Thomas More, *Libellus vere aureus nec minus salutaris quam festivus de optimo reip. statu, deque nova Insula Utopia*, 1516, verso da folha de rosto. Biblioteca Nacional da França.

1 Vickers, "The Satiric Structure of *Gulliver's Travels* and More's *Utopia*", em Vickers (org.), *The World of Jonathan Swift*, p.233-57.

2 More, *Libellus vere aureus nec minus salutaris quam festivus de optimo reip. statu, deque nova Insula Utopia* [Authore clarissimo viro Thoma Moro inclytæ: civitatis Londinensis cive & vicecomite cura M. Petri Aegidii Antverpiensis, & arte Theodorici Martini Alustensis, Typographi almæ Lovaniensium Academiæ nunc primum accuratissime editus], 1516.

do livro, a Jeroen van Busleyden, membro do Grande Conselho das Malinas, uma carta de Busleyden a More e outra de More a Giles. Todos esses documentos atestam a realidade das conversas entre More e Giles com Hitlodeu, e, logo, a veracidade de sua viagem.

O mapa parece fiel à descrição que abre o livro segundo, no qual o viajante descreve a ilha de Utopia:

> A ilha dos utópicos tem em sua parte intermediária, na qual é mais larga, duzentas milhas de extensão, não sendo muito mais estreita nas outras partes, exceto nas duas extremidades, estreitando-se paulatinamente tanto em um lado como no outro. Entre esses dois extremos, que delimitam a linha de uma espécie de arco de círculo com quinhentas milhas de circunferência, a ilha tem o aspecto de um pão meia-lua.[3]

O desenhista do mapa (provavelmente Gerhard Geldenhauer) representa as demais indicações topográficas da descrição: o rochedo à entrada do estreito, com uma torre de guarda, a capital no centro da ilha, designada como "Civitas Amaurotum", a cidade-miragem, cercada por muralhas, com torres e bastiões, e, ainda, o rio Anidro ("sem água"), que cruza a cidade, situada entre a sua nascente ("Fons Anydri") e a embocadura no oceano ("Ostium Anydri").

---

3 More, *L'Utopie* [*Utopia*], 2012. p.105.

Esses efeitos de realidade são jogos de ficção, implicados pelo gênero do texto, tal como indicado no subtítulo: "uma pequena obra, tão salutar quanto agradável" (*nec minus salutaris quam festivus*). O termo *festivus*, como explica Carlo Ginzburg,[4] deve ser compreendido como uma referência a Luciano de Samósata, traduzido por More e Erasmo e publicado em 1506 como parte de uma série de "opúsculos agradabilíssimos" (*opuscula longe festivissima*). A ironia, que estabelece a conivência entre autores e leitores, ambos letrados, é um constante desmentido da veracidade afirmada pela narração. Trata-se, portanto, como no caso de Luciano, de associar diversão e seriedade, jogos eruditos e propósitos sérios, sob o manto da ficção, que mantém intactas as provas da autenticidade da história.

A nos fiarmos em Louis Marin, o mapa da ilha tampouco escapa a essa tensão.[5] Sua própria inserção no livro parece provar que o discurso utópico poderia ter uma inscrição espacial, tornar-se figura, ser representado como uma realidade visível a partir da imagem. Não esqueçamos, contudo, que esse é o mapa de uma *ou-topia*, de um não lugar que, por definição, não poderia ter inscrição geográfica. O mapa impresso em papel é como

---

[4] Ginzburg, *Nenhum homem é uma ilha*, cap.1.
[5] Marin, *Utopiques: jeux d'espaces*, cap.IV: Des noms propres en utopie, p.115-22.

uma farsa. O país da utopia não tem lugar, como tampouco tem lugar o seu rio, Anidro, e é tão invisível quanto a sua capital, Amaurota. Em uma das peças preliminares do livro, um texto citado por Ginzburg e por Marin,[6] More sugere a impossibilidade de representar o que não se encontra em parte alguma. Na carta endereçada a Peter Giles, datada de 3 de setembro de 1516, More pede-lhe que pergunte a Hitlodeu qual a localização da ilha descoberta, "pois ele nada nos diz a respeito, e não tivemos a oportunidade de perguntar-lhe em que parte do Novo Mundo se encontra Utopia, informação que, no entanto, me parece imprescindível, pois, como poderia escrever um livro com tantas coisas sobre uma ilha cuja localização ele ignorasse?" – sendo dito, por exemplo, não sem ironia, que um prelado católico já se candidatou ao posto de bispo do lugar.[7] Na verdade, como lembra Giles, Hitlodeu teria dito qual a localização da ilha, mas a indicação perdeu-se no momento em que foi enunciada: "infelizmente, alguém da companhia tossiu tão fortemente que não pude

---

6 Ibid., p.115-6; e Ginzburg, *Nenhum homem é uma ilha*, op. cit.

7 "Lettre-préface de Thomas More à Peter Giles, envoyée à Érasme le 3 septembre 1516" [Carta prefácio de Thomas More a Peter Giles, enviada a Erasmo em 3 set. 1516], em More, *L'Utopie*, 2012, p.233-4.

ouvir as preciosas palavras de Hitlodeu".[8] O não lugar só poderia mesmo permanecer sem localização; na fórmula de Marin, a utopia é "um mapa que não se encontra nos mapas".[9]

Além disso, o texto de *Utopia* contém uma impossibilidade, pois uma circunferência de quinhentas milhas não pode ter um diâmetro de duzentas milhas, tal como indica Hitlodeu (largura que é, igualmente, a da própria Inglaterra, designada assim, implicitamente, como o inverso da Utopia).[10] Em suma, tal como é descrita, a ilha de Utopia é irrepresentável. Essa contradição é reforçada pela impossibilidade de mapear as distâncias entre as cidades do território:

> Essa ilha contém 54 cidades, todas elas grandes e bem construídas, com semelhantes costumes, estatuto e ordenações, dispostas da mesma maneira

---

8 "Lettre de Peter Giles à Jérôme Busleyden, prévot d'Aire, et conseiller du roi catholique Charles" [Carta de Peter Giles a Jérôme Busleyden, reitor de Aire e conselheiro do rei católico Carlos], em ibid., p.240.

9 Marin, "Frontières, limites, *limes*: les récits de voyage dans *L'Utopie* de Thomas More", em *Frontières et limites*, p.105-30, aqui, p.124.

10 Goodey, "Mapping 'Utopia': A Comment on the Geography of Sir Thomas More", *Geographical Review*, v.60, n.1, p.15-30, 1970; aqui, p.21: "Para preservar a importante forma da lua e a baía interior, o número de duzentos deve ser esquecido, mas é a mais precisa das referências derivadas das ilhas Britânicas".

e, por toda parte, na medida do possível, similares umas às outras. As mais próximas entre si distam umas das outras em não mais de 24 milhas; e nenhuma é tão afastada que não possa ser alcançada a partir de outra em um dia de caminhada a pé.[11]

O gravurista de 1516 não se arrisca a representar essa topografia impossível.[12]

O mapa é suprimido da segunda edição, publicada em Paris por Giles de Gourmont em 1517.[13] Em uma carta anunciada no título,

---

11 More, *L'Utopie*, 2012, p.107.
12 Goodey, "Mapping 'Utopia'", op. cit., declara a mesma impossibilidade à p.22: "Depois de várias tentativas de incorporar os critérios de distância de More em vários modelos da ilha, abandonei a tarefa".
13 More, *Ad lectorem. Habes candide lector opusculum illud vere aureum Thomæ Mori non minus utile quam elegans de optimo reipublicæ statu, deque nova insula Utopia* [iam iterum, sed multo correctius quam prius, hac Enchiridii forma ut vides multorum tum senatorum tum aliorum gravissimorum virorum suasu æditum, quod sane tibi ædiscendum non modo in manibus quotidie habendum censeo. Cui quidem ab innumeris mendis undequaque purgatio præter Erasmi annotationes ac Budæi epistolam: virorum sane qui hoc sæculo nostro extra omnnem ingenii aleam positi sunt: addita est etiam ipsius Mori epistola eruditissima Vale. (Em tradução livre: "Mais uma vez, e desta vez muito mais corretamente do que antes, neste formato de 'Enchiridion' como vês, publicado por sugestão de muitos homens muito sérios, tanto senadores quanto outros de

O mapa de lugar nenhum: a Utopia, 1516

Guillaume Budé volta à questão da localização da ilha e a separa de toda determinação geográfica: "examinando bem, sou levado a constatar que Utopia se situa para além das fronteiras do mundo conhecido, e é, certamente, uma ilha afortunada, próxima aos Campos Elíseos – como lembra More, Hitlodeu não chegou a fornecer a localização exata da ilha".[14] Os autores gregos costumavam identificar as ilhas da Boa Ventura ou da Felicidade, nas quais repousam as almas virtuosas, aos Campos Elíseos, e posteriormente, na época medieval, ao Paraíso. Outra indicação de Budé reforça a irrealidade de Utopia: ele nota que é também chamada de "Udestopia", ou ilha do nunca.

As duas edições sucessivas da obra de More publicadas na Basileia em março e novembro de 1518 por Johann Froben reintroduzem o mapa da ilha, como se a sua presença

---

grande estima. De fato, considero não só que deves aprender isso, mas também que deves tê-lo em tuas mãos diariamente. Para o que, além das numerosas correções feitas em todos os lugares, foram acrescentadas as anotações de Erasmo e a carta de Budé, homens verdadeiramente colocados fora de qualquer jogo de inteligência em nosso século. Também foi adicionada a carta muito erudita de Moro. Adeus."), 1517.

14 "Lettre de Guillaume Budé à Thomas Lupset, Anglais", em More, *L'Utopie*, op. cit., p.254-65, aqui, p.262-3.

fosse necessária para o jogo de índices de encantamento e de realidade contidos na fábula (Figura 20). A obra recebe um novo título, que indica a adição de epigramas compostos por More e por Erasmo.[15] O mapa é o mesmo em ambas as edições (o título *Utopiae Insulae Tabula* é suprimido na segunda). De autoria do gravurista Ambrosius Holbein, o mapa dessa edição apresenta mudanças significativas em relação ao da edição original. Na parte de baixo da *tabula*, aparecem em primeiro plano três personagens: Hitlodeu, designado por nome em um cartucho; um interlocutor ao qual ele indica, com um dedo, a terra de Utopia, porém sem apontá-lo em direção a ela; e um soldado portando uma espada, prestes a embarcar em uma aventura colonial que parte da ilha. O interlocutor de Hitlodeu poderia ser Peter Giles ou o Thomas More da conversa da primeira edição, ou ainda o próprio leitor,

Página ao lado:

Figura 20. Mapa da ilha de Utopia (*Utopiae Insulae Tabula*), na edição da Basileia (1518), gravura de Ambrosius Holbein. Extraído de Thomas More, *De Optimo Reip. Statu deque nova insula Utopia, libellus vere aureus, nec minus salutaris quam festivus; clarissimi disertissimique viri Thomas Mori inclytae civitatis Londinensis civis et Vicecomitis*, 1518, p.12. Universitätsbibliothek Basel, Rb 80, p. 12 (VD16 M 6299) https://doi.org/10.3931/e-rara-30626

---

15 More, *De Optimo Reip. Statu deque nova insula Utopia, libellus vere aureus, nec minus salutaris quam festivus; clarissimi disertissimique viri Thomæ Mori inclytæ civitatis Londinensis civis & Vicecomitis* [Epigrammata clarissimi divertissimique viri Thomæ Mori, pleraque è Græcis versa. Epigrammata. Des. Erasmi Rotterodami, Apud inclytam Basileansis (Em tradução livre: Epigramas do mais ilustre e divertido homem, Thomas More, muitos deles traduzidos do grego. Epigramas de Erasmo de Rotterdam, na famosa Basileia)], 1518, p.12.

12 VTOPIAE INSVLAE TABVLA.

projetado no texto que dá existência à ilha de Utopia.

Outra diferença: os três topônimos ("Amaurotum urbs", "Fons Anydri", "Ostium Anydri") não são impressos diretamente sobre o mapa, como nos mapas de atlas ou de relatos de viagem, mas aparecem nos cartuchos suspensos por guirlandas presas ao quadro. Isso introduz um descompasso entre a representação, evocada como tal, e a realidade supostamente representada.[16] Introduz-se assim, no próprio mapa, o jogo – onipresente tanto na própria obra quanto nas cartas preliminares – entre dispositivos de credibilidade e desmentidos de sua veracidade. O mapa não se encontra mais, ou não mais apenas, a serviço de um efeito de realidade: ao contrário, expõe a realidade da ilusão icônica.

Uma última diferença chama a atenção. Na ilha de 1518 há cruzes nos telhados e pináculos das edificações. A inovação faz referência ao *credo* recitado pelos padres e pelo povo de Utopia durante as cerimônias dos primeiros e últimos dias de cada mês:

> Nessas orações, cada um reconhece Deus como autor da criação e do governo do mundo, e, portanto, de todos os outros bens. Rende-lhe ainda as graças pelas benesses recebidas, em especial pelo favor da Criação que lhes concedeu uma República

---

16 Marin, "Frontières, limites, *limes*", op. cit., p.129.

tão feliz e afortunada, e oferece-lhe uma religião que espera ser a mais verdadeira. Mas, se estiver errado, e houver outras melhores, preferidas por Deus, roga-lhe que por bondade a dê a conhecer, pois está pronto a segui-lo, o caminho que a Sua bondade lhe indique.[17]

Os utópicos parecem ter compreendido a palavra evangélica.

À exceção dos leitores da primeira edição parisiense, de 1517, os demais, que acompanharam o texto em latim, tiveram a oportunidade de extrair proveito e prazer das significações múltiplas produzidas pela presença do mapa das ilhas nas páginas antecedentes ao texto. O mesmo não vale para os que vieram depois, que tiveram de se apropriar de um discurso desacompanhado de representações. Das dezesseis edições latinas surgidas entre 1519 e 1631, apenas uma traz um mapa. Foi publicada na Basileia em 1563, por Nicolaus Episcopius, apadrinhado de Johann Froben.[18] Por outro lado, o mapa não está incluído nas traduções do livro para línguas vernáculas publicadas no século XVI. As traduções para o alemão são a única exceção. Aquela de 1524,

---

17 More, *L'Utopie*, op. cit., p.210.
18 Cave, "Tables: Paratexts in the Latin Editions", em Cave (org.), *Thomas More's Utopia in Early Modern Europe: Paratexts and Contexts*, p.277-80; e Roggen, "A Protean Text: *Utopia* in Latin, 1516-1631", em ibid., p.14-31, em particular p.16-7.

de autoria de Claude Chansonnette, reproduz o mapa das edições de 1518, sendo que o editor basco Johann Bebel havia emprestado ou adquirido a gravação em cobre de Johann Froben. A de 1612, estabelecida por Gregor Wintermonat e publicada em Leipzig, oferece um mapa bastante rudimentar, de uma ilha quase vazia, sem capital imponente ou rio que a atravesse.[19] Nas demais traduções do livro não há nenhum mapa: nem nas duas edições italianas de Ortensio Lando (1548 e 1561), nem nas cinco traduções francesas (1550, 1559, 1585, 1611 e 1643), nem nas traduções inglesas de Ralph Robinson (1551, 1556, 1597, 1624 e 1639), de Gilbert Burnet (1684 e 1685), tampouco na tradução holandesa (editada em 1553, 1562, 1629 e 1634), ou, por fim, na espanhola, expurgada e catolicizada, de 1637.[20]

---

19 Salberg, "The German Translations: Humanist Politics and Literary Journalism", em ibid., p.32-46, em particular p.33-4 e p.42-3. O mapa da edição de 1612 é reproduzido à p.1 do livro.

20 Ver Gjerpe, "The Italian *Utopia* of Lando, Doni and Sansovino: Paradox and Politics"; Sellevold, "The French Versions of *Utopia*: Christian and Cosmopolitan Models"; Cave, "The English Translation: Thinking about the Commonwealth"; Spaans; Cave, "The Dutch Translation: Austerity and Pragmatism"; e Davenport; Cárdenas, "The Spanish Translations: Humanism and Politics", todos em Cave (org.), *Thomas More's Utopia in Early Modern Europe*, op. cit., p.47-66, p.67-86, p.87-103, p.104-9 e p.110-27.

A ausência do mapa é paradoxalmente assinalada pela sua presença no frontispício da tradução francesa de Samuel Sorbière, publicada em Amsterdã em 1643. A cena representada é a da conversa ocorrida em Anvers entre More e seus dois convidados, Giles e Hitlodeu, no jardim de sua residência. Sobre a mesa encontra-se um mapa (Figura 21) aberto diante dos olhos do viajante, que narra sua descoberta de Utopia. O que o mapa representa só é visível para os três interlocutores. A localização da ilha permanece escondida aos olhos do leitor.[21] Essa indicação é tão mais significativa pelo fato de a edição ter sido publicada por Johannes Blaeu (Joan Blaeu), famoso editor de mapas e de atlas.

A não ser que tivessem um exemplar das edições latinas de 1516 ou de 1518 ou da tradução alemã de 1524, os leitores de *Utopia* do século XVI e de início do XVII só poderiam construir um mapa mental da ilha, e, fiéis à écfrase, transformar as palavras em imagens. Foi provavelmente assim que Joseph Hall, Jonathan Swift e Daniel Defoe leram o livro de Thomas More. Não se deve, portanto, subestimar a importância do mapa da Utopia em uma genealogia da geografia das ficções.

Página seguinte:

Figura 21. Frontispício da tradução francesa, publicada em 1643. Extraído de Thomas More, *L'Utopie de Thomas Morus: Chancelier d'Angleterre*, 1643. National Library of the Netherlands.

---

21 More, *L'Utopie de Thomas Morus: Chancelier d'Angleterre*, 1643. Ver Sellevold, "The French Versions of *Utopia*", op. cit. A página de título é reproduzida à p.143.

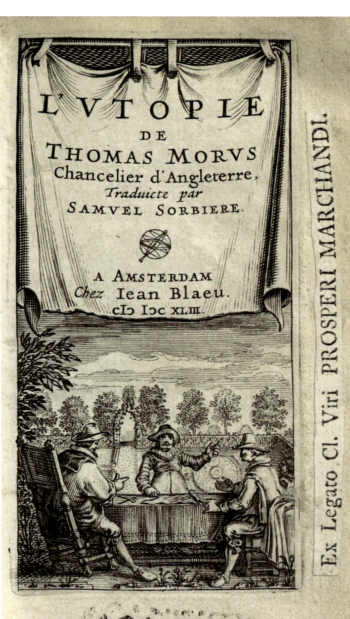

L'VTOPIE
DE
THOMAS MORVS
Chancelier d'Angleterre,
Traduicte par
SAMVEL SORBIERE.

A AMSTERDAM
Chez Iean Blaeu.
CIƆ IƆC XLIII.

Ex Legato Cl. Viri PROSPERI MARCHANDI.

A preocupação com uma edição mais barata, a consciência de que era inútil imprimir uma carta que poderia ser imaginada, e a consideração de que um "não-lugar" não pode ser representado, tudo isso pode explicar por que a obra de More deixou de ter mapas.

A representação figurada da ilha retornaria em algumas edições do século XVIII. Uma nova tradução francesa, a sexta, é publicada por Nicolas Gueudeville em Leiden, em 1715. O título indica que ela é "ornamentada por belíssimas figuras".[22] Duas gravuras da ilha são inseridas, ilustrando as duas partes do livro. Não se trata de mapas, mas de vistas cavaleiras que mostram, sob dois ângulos diferentes, a enseada do porto da ilha e os numerosos navios que entram ou saem dela.[23] A exemplo de Johannes Blaeu, o editor Pierre Vander era especializado em "livros, mapas geográficos e

---

22 More, *L'Utopie de Thomas Morus: Chancelier d'Angleterre* [Idée ingenieuse pour remedier au malheur des Hommes; & pour leur procurer une felicité complette. Cet ouvrage contient le plan d'une Republique dont les Lois, les Usages, & les Coutumes tendent uniquement à faire faire aux Societez Humaines le passage de la Vie dans toute la douceur imaginable. Republique, qui deviendra infalliblement réelle, des que les Mortes se conduiront par la *Raison*. Traduite nouvellement en François par Mr Gueudeville, & ornée de tres belles figures], 1715.

23 Ibid., p.93 e 99.

outras peças em folha granulada", como indicam os catálogos de suas edições, acrescentados à tradução. Algumas dessas folhas trazem imagens "em plano", outras "em perfil", como no caso das gravuras da edição de More. Esse exemplo nem sempre foi seguido. Nem as edições da tradução inglesa de Gilbert Burnet, publicadas por Robert Foulis em Glasgow, em 1743 e 1762,[24] nem as da tradução francesa de Thomas Rousseau, de 1780, oferecem mapas ao leitor.[25]

* * *

Inscritos em uma cronologia que sugere uma cadeia de empréstimos sucessivos, os mapas inseridos nas narrativas inglesas apresentam uma tipologia das possíveis relações entre a geografia e a fábula. As quatro obras que consideramos têm um ponto em comum. São relatos de viajantes singulares, apresentados como indivíduos bastante reais: o mari-

---

24 More, *Utopia or the Happy Republic: A Philosophical Romance* [In Two Books. Written in Latin by Sir Thomas More, Lord High Chancellor of England. Translated into English by Gilbert Burnet, D.D. Sometime Professor of Divinity in the University of Glasgow, afterwards Bishop of Sarum], 1743.

25 More, *Tableau du meilleur gouvernement possible, ou L'Utopie de Thomas Morus* [Chancelier d'Angleterre, en deux Livres. Traduction nouvelle, Dédiée à S.E.M. le Comte de Vergennes, Ministre des Affaires étrangeres, par M. T. Rousseau], 1780.

nheiro Rafael Hitlodeu, o estudante Mercurius Britannicus, o mercador Robinson Crusoé, que se torna colono, e o cirurgião Lemuel Gulliver. Contudo, cada uma delas propõe uma figura particular do uso da representação cartográfica. O mapa de *Utopia* mostra uma ilha similar às terras conhecidas, dotada de um porto, de uma capital, de um rio, mas é uma ilha sem localização no globo, o que faz dela uma ficção sem território. Os mapas apresentados em *Mundus Alter et Idem* invertem essa relação. As terras austrais imaginadas por Joseph Hall são devidamente localizadas, situadas ao sul dos quatro continentes, como se fossem um quinto, recentemente descoberto. Todavia, os nomes das cidades e Estados que a compõem contrariam essa verossimilhança, pois designam um mundo ao avesso que é, na verdade, uma sátira e uma profecia do existente. Quanto à ilha de Robinson Crusoé, ela pode ser situada em um mapa do mundo, como no caso das viagens de longuíssima duração, antes e depois de sua estadia solitária. Nesse caso, é a própria representação da ilha, e não o planisfério em que estão traçadas as errâncias do marinheiro, que se distancia das convenções cartográficas, transformando a representação geográfica num suporte que permite localizar certos episódios da narração. As ilhas visitadas por Gulliver, locais das aventuras mais inverossímeis, são, como as outras terras austrais de Mercurius Britannicus, situadas em cartas que mostram a sua proximidade com territórios autênticos.

Para além dessa diversidade, há uma mesma tensão nos mapas – em geral fiéis às convenções cartográficas da época – introduzidos nos relatos ingleses do início da era moderna, sejam eles utópicos, satíricos ou morais. Por um lado, são dispositivos que borram a fronteira entre realidade e fábula, e contribuem, assim, para a suspensão da incredulidade e, por conseguinte, para o prazer de crer no inacreditável. Esses efeitos de realidade, que tornam crível a ficção, são armadilhas em que o leitor pode cair sem saber, pensando, por exemplo, que Crusoé teria existido, ou, em nome do prazer, decidindo que o impossível é verossímil. Por outro lado, os mapas são parte dos mecanismos contrários que, ironicamente, desautorizam a crença na realidade imaginada. Os agradáveis (e eruditos) topônimos de More e Hall, a carta diacrônica da ilha de Robinson, o diagrama dos movimentos da ilha flutuante visitada por Gulliver são índices que instauram, na representação topográfica, os elementos inverossímeis da fábula. Essa contradição divertida é, sem dúvida, a razão pela qual os mapas foram inseridos nos textos que examinamos desde suas primeiras edições, ou, no caso de Defoe, na primeira reedição de seu livro e nas duas continuações das aventuras de Robinson Crusoé.

Na França: preciosismo e mística

O *Mapa de Ternura*, 1654

O livro de Joseph Hall era conhecido na França em meados do século XVII. Seria um elo entre as genealogias inglesa e francesa da cartografia de fábulas? Charles Sorel, no capítulo 9 de sua *Bibliothèque Française*, publicado em 1664, atesta o fascínio de seus contemporâneos por mapas que inscrevem, em territórios imaginados, sentimentos e paixões, virtudes e vícios reais. Ele lembra que os antigos escritores franceses, a começar pelo autor do *Romance da rosa*, "inventaram maneiras de fábulas e alegorias nas quais eram personagens não apenas as faculdades da Alma como também as paixões e hábitos, além dos diversos gêneros de Fortuna". Observa em seguida que "o nosso Século os seguiu nesse ponto, com as descrições de coisas diversas a que foram dados os nomes de Cidades e Províncias ou de personagens imaginários, para assim compor Mapas e Histórias agradáveis".[1]

---

1 Sorel, *La Bibliothèque françoise de M. C. Sorel* [Ou le Choix et l'Examen des Livres François qui traitent de l'Eloquence, de la Philosophie, de la Devotion, & de la Conduite des Mœurs; et de ceux qui contiennent des Harangues, des Lettres, des Oeuvres meslées, des Histoires, des Romans, des Poësies, des Traductions; & qui ont servy au Progrez de nostre Langue. Avec un Traité particulier, où se trouve l'Ordre, le Choix, & l'Examen des Histoires de

Na França: preciosismo e mística

No entanto, os verdadeiros inventores no gênero parecem ter sido os ingleses:

> Um certo inglês escreveu um livro em latim, chamado *Mundus Alter et Idem*, que ele alega ser a descrição de um novo Mundo, similar a este. Situa-se em uma região desconhecida, as Terras Austrais, em que ele insere Províncias, Montanhas, Rios, Cidades e Burgos, com diversos nomes como *a Tolice e a Sabedoria, a Embriaguez, a Preguiça, a Volúpia, o Amor* e outros, com uma descrição das Leis e dos costumes de povos, convenientes a esses tópicos. O livro traz grandes mapas que se desdobram, como se se tratasse de lugares verdadeiros, descritos a sério.[2]

Sorel conhecia, portanto, o texto em latim de Hall, mas não a identidade do autor. Teria ele o encontrado na reedição de 1643, publicada em Londres sob um falso endereço em Utrecht, encadernado juntamente com a *Cidade do Sol* de Tommaso Campanella e a *Nova Atlantis* de Francis Bacon? Ou teria posto as mãos num exemplar de uma das três edições surgidas entre 1605 e 1607, nas quais os mapas desdobráveis são ainda mais amplos? Impossível dizer.

France], 1664, cap.IX: "Des Fables et des Allegories, des Romans de Chevalerie et de Bergerie, des Romans Vray-Semblables, et des Nouvelles, des Romans Heroïques, et des Comiques", p.148-79; 2.ed. Revista e ampliada (1667). Edição moderna: *La Bibliothèque française* [1667], p.226 e 228.

2 Ibid., p.228.

Em todo caso, está ciente de que é um livro antigo, o que o leva a hesitar quanto à ligação entre os mapas franceses que ele conhece e os do autor inglês. Teria a obra desse autor, outrossim esquecido, inspirado a sua própria? A imitação poderia facilmente passar por uma invenção. "Há muito que isso é feito, de tal modo que, neste caso, poderia ter originado coisas similares que vieram depois."[3] Mas o argumento não o convence, pois, isto é certo, não era necessário conhecer o livro de Hall para ter uma ideia da cartografia de ficção: "Presume-se que o primeiro autor francês que escreveu obras do gênero nunca teria ouvido falar dos mapas do inglês, e que a invenção lhe ocorreu por acaso, como de resto, também a este último".[4] Os empregos da palavra *mapa* em francês são suficientes para explicar essa invenção: "Uma expressão muito comum em nossa língua diz *conhecemos bem o mapa deste lugar*, o que significa que sabemos como nos portar em determinado lugar ou situação".[5] A distância entre o sentido figurado e a representação material não é tão grande assim.

A primeira edição do *Dicionário da Academia Francesa*, de 1694, associa os dois sentidos (após ter citado a definição de "mapa" como "papel"):

---

3 Ibid.
4 Ibid., p.229.
5 Ibid.

> *Mapa* também significa uma tábua, um quadro que contém a descrição ou do mundo inteiro ou de uma região ou província particular. *Mapa geográfico. Mapa universal. Mapa topográfico. Mapa marítimo. Aprender o mapa. Conhecer bem o mapa. Fazer o mapa de um país. Compreender o mapa.* Diz-se em sentido figurado que um *homem conhece bem o mapa*, no sentido de que ele está a par das intrigas, interesses e maneiras do mundo, de um bairro, de uma sociedade, de uma família etc.[6]

O *Dicionário Universal* de Furetière, publicado quatro anos antes, oferece uma descrição material mais precisa:

> *Mapa* é também uma ou muitas folhas grandes de papel coladas umas às outras, sobre as quais foi traçada, pintada ou gravada a representação do mundo ou de suas partes. Os *mapas* geográficos contêm a descrição de terras; os hidrográficos, a do mar; os corográficos, a de uma região; os topográficos, o de lugares em particular.[7]

Após as definições de "mapa marítimo", "que não se interessa muito em assinalar as cidades, que se encontram em terra firme" e dos "*mapas* de alojamentos para os que lutam em guerras", Furetière passa ao sentido figurado:

---

[6] "Carte", em *Dictionnaire de l'Académie française*, 1694, t.I, p.148.

[7] "Carte", em Furetière, *Dictionnaire Universel, contenant généralement tous les mots français tant vieux que modernes*, 1690, t.I, [s./p.].

"Conhecer o *mapa* se diz não somente em sentido próprio, dos que conhecem a Geografia, mas, o que é mais comum, também no figurado, dos que estão a par das intrigas de uma Corte, da situação dos negócios do Estado, dos tumultos de uma casa, dos conhecimentos, hábitos e segredos de uma família, de um bairro".[8] Desenhar um mapa dos segredos das paixões era devolver às origens uma expressão ora empregada em sentido derivado.

Sorel resolve ainda a querela da prioridade. A seus olhos, não há dúvida de que um primeiro mapa materialmente inserido em um relato alegórico foi o que os leitores encontraram em um romance publicado em 1654, *Clélia: história romana*: "Cada um é livre para crer no que quiser, mas o primeiro a ser publicado foi o *Mapa do reino ou país da Ternura*, considerado superior aos demais não somente por ser a primeira invenção, mas por conter uma nova doutrina, da amizade honesta, que a obra exprime de maneira mui agradável". São recusadas, assim, as afirmações dos que atribuem a ideia a outras obras e a outros mapas, como o *Mapa do Reino das Preciosas*, de autoria do conde de Maulévrier, o *Mapa do Reino do Amor*, atribuído a Tristão, o Eremita, ou ainda, malgrado a veemente

---

8 Ibid.

reivindicação de seu autor, a *Descrição do Reino da Coqueteria*, do abade de Aubignac.[9]

O primeiro e mais célebre dos mapas alegóricos é o *Mapa de Ternura*, inserido na primeira edição do primeiro tomo, publicado em Paris em 1654 por Augustin Courbé (Figura 22).[10] O livro aparece sob o nome de um único autor, Georges de Scudéry, mas, na verdade, é o resultado do que Joan DeJean chamou de *salon writing*, uma criação coletiva resultante da colaboração entre os membros de uma sociedade de letrados, no caso, o salão de Mademoiselle de Scudéry.[11] Os contemporâneos reconheceram o seu papel essencial na composição de *Clélie*. De início, discretamente, como Sorel, elogiando os méritos de Mademoiselle de Scudéry:

> O *Mapa da amizade terna* contém numerosos discursos sobre o assunto que ensinam como se pode amar com uma amizade honesta sem se deixar

---

9 Sorel, *La Bibliothèque française*, op. cit., p.228-9.

10 Scudéry, *Clélie: histoire romaine* [Dédiée à Mademoiselle de Longueville, par Mr de Scudéry, gouverneur de Nostre Dame de La Garde. Premiere partie], 1664.

11 DeJean, *Tender Geographies: Women and the Origins of the Novel in France*, p.82-3: "*Clélie* (1654-1660) é a obra mais original de Scudéry. É também a ilustração mais clara até hoje da escrita de salão como expressão literária coletiva, indo além de qualquer voz autoral individual.".

Figura 22. *Mapa de Ternura*, **gravura de François Chauveau.** Extraído de Madeleine de Scudéry, *Clélie: histoire romaine*, 1654, entre p.397-8. A versão colorida do mapa circula independente do livro. Biblioteca Nacional da França.

levar pelo frenesi do amor. Muitos alegam que certa senhorita contribuiu amplamente para esta obra, tanto quanto o seu irmão; mas não nos cabe descobrir o que eles preferiram esconder. É suficiente que saibamos dos méritos de um e de outro.[12]

A autoria de Madeleine de Scudéry é afirmada de maneira ainda mais contundente por Pierre-Daniel Huet em seu *Tratado da origem dos romances*, publicado em 1670:

> Assistimos na França, não sem espanto, a uma jovem, tão ilustre por sua modéstia quanto pelo seu mérito, vir a público escondendo-se por detrás de um nome tomado de empréstimo, privando-se assim, generosamente, da glória que lhe seria devida, e almejando por recompensa unicamente a virtude, como se, enquanto trabalhava para a glória de nossa nação, ela quisesse ter poupado o nosso sexo de uma humilhação. Finalmente, o tempo lhe fez a justiça que ela recusara para si mesma, e hoje sabemos que *O ilustre Bassa*, *O grande Ciro* e *Clélia* são obras de Mademoiselle de Scudéry.[13]

Quinze anos mais tarde, Giles Ménage compartilha dessa mesma certeza:

> [Mademoiselle de Scudéry] escreveu 24 volumes que tirou exclusivamente da sua cabeça [...].

---

12 Sorel, *La Bibliothèque française*, op. cit., p.242-3.

13 Huet, "Lettre de Monsieur Huet, à Monsieur de Segrais", em *Zayde: histoire espagnole par Monsieur de Segrais. Avec un Traité de l'Origine des Romans par Monsieur Huet*, p.96-7. Cf. Gégou, *Lettre-traité de Pierre-Daniel Huet sur l'origine des romans*, 1670.

> Monsieur de Marolles alega que ela não teria feito nem o *Ciro* nem a *Clélia*, embora tenham sido impressas com o seu nome. Garante que Mademoiselle de Scudéry lhe dissera não ter composto essas obras, e que seu marido confirmara que ele mesmo as escreveu. De minha parte, eu retorqui, posso garantir-vos que Mademoiselle as escreveu. Sei do que estou falando: Mademoiselle de Scudéry inventou o *Amor de ternura* e o *Mapa de Ternura*.[14]

A invenção do mapa é contada no próprio romance, pelo narrador, Célère, que se dirige à princesa dos leontinos – um pouco como o autor conta a sua história para aquela a quem dedicou o livro, Mademoiselle de Longueville, nora da duquesa rebelde. Hermínio, um romano recentemente chegado a Cápua, onde se refugiou a família de Clélia, também, como a dele, banida de Roma pelo tirano Tarquínio, pergunta à jovem em que espécie de amizade ela o situa. Esta, que também reuniu seus dois amorosos, Arôncio e Horácio, além de Célère e de sua amada Fenícia, distinguiu sete classes de amigos: os "meio amigos", os "novos amigos", os "simplesmente amigos", os "amigos habituais", os "amigos sólidos", os "amigos privados" e os "amigos ternos". Hermínio, que pertence à classe dos novos

---

14 Ménage, *Menagiana ou Les Bons Mots, les Pensées Critiques, Historiques, Morales & d'Érudition de Monsieur Ménage* [Recueillies par ses Amis, seconde édition augmentée], 1694, p.191-2.

amigos, gostaria de conhecer a rota de viagem que leva da "Nova Amizade" à "Amizade Terna".[15] Nas palavras de Arôncio, isso não é fácil: "Em minha opinião, poucos conhecem o mapa desse país". Clélia promete entregá-lo ao jovem romano: "Talvez esteja pensando que entre uma amizade e a outra não haveria mais que uma breve caminhada, e, por isso, antes de iniciar essa viagem, gostaria de lhe dar um mapa do país, o mesmo que, para Arôncio, não existe".[16]

"Viagem", "rota", "caminhada": as metáforas são geográficas, mas o mapa pedido e prometido, não. A conversação utiliza o sentido figurado da palavra. O *mapa* pelo qual todos esperam e que Hermínio pede é uma carta, na qual Clélia pintará a amizade terna e o caminho que leva a ela: "Não esperamos por outra coisa, que Clélia escreva uma carta agradável que nos instrua sobre seus verdadeiros sentimentos".[17]

Clélia tem uma ideia diferente, que dá realidade material à expressão figurada:

---

15 Scudéry, *Clélie: histoire romaine*. Primeira parte: 1654, edição crítica de Chantal Morlet-Chantalat, p.177-8. Ver também a edição abreviada em Scudéry, *Clélie: histoire romaine*, com textos escolhidos, apres., estab. e anot. por Delphine Denis, p.89-90. Citamos esta última edição.
16 Ibid., p.90.
17 Ibid., p.91.

> Passou-lhe pelo espírito uma imagem com a qual ela se divertiu, e que, pareceu-lhe, também poderia divertir os outros. Sem hesitar um instante, tomou tabuletas e escreveu as coisas agradáveis que imaginara, e executou tudo tão rapidamente, que em meia hora começou e acabou o que tinha pensado.

Na verdade, Clélia não "escreveu". Ela desenhou um mapa e juntou-o ao bilhete dirigido a Hermínio:

> Para nossa admiração, Hermínio, após ter examinado o que Clélia lhe enviara, mostrou-nos que na realidade se tratava de um mapa que ela desenhara à mão e que instruía sobre como ir da *Nova Amizade* à *Amizade Terna*. Era tão parecido com um mapa verdadeiro, que tinha mares, lagos, rios, montanhas, cidades e vilarejos. Para que possa contemplá-lo, senhora, ofereço-lhe uma cópia dessa engenhosa peça, que desde então conservei com todo o cuidado.[18]

O texto de 1654 prossegue:

> Ao ouvir essas palavras, Célère ofereceu o mapa que se encontra logo depois desta página à princesa dos Leontinos, que se sentiu agradavelmente surpresa. Mas, para que entendesse bem o artifício, explicou-lhe qual fora a intenção de Clélia, que, de resto, a explicara no bilhete que acompanhava o mapa quando este chegou às mãos de Hermínio.[19]

---

18 Ibid., p.92.
19 Ibid.

Na França: preciosismo e mística

O relato joga, assim, com as sucessivas materialidades do mapa. Primeiro, ele foi traçado sobre as tabuletas de Clélia. O *Dicionário da Academia Francesa* define tabuletas como "folhas de mármore, de pergaminho, de papel tratado etc. religadas entre si e que costumam ser trazidas nos bolsos, para tomar notas".[20] Já o *Dicionário Universal* de Furetière traz: "tabuleta é dito também de uma espécie de pequeno livro ou agenda trazida nos bolsos com umas poucas folhas de papel ou pergaminho tratado, sobre as quais se escrevem a lápis coisas das quais queremos nos lembrar".[21] Clélia desenhou o mapa sobre uma folha granulada, recoberta por uma fina película feita de giz misturado a cola, que permite escrever com uma ponta de metal sem tinta nem pluma, e depois apagar sem dificuldade o que foi escrito, e escrever novamente.[22] A segunda materialidade do mapa, também ela fictícia, é a cópia possuída por Célère, que a envia à princesa dos leontinos. A terceira, em compensação, é inteiramente real: um mapa se

---

20 "Tablette", em *Dictionnaire de l'Académie Française*, op. cit. 1694, t.II, p.523.
21 "Tablettes", em Furetière, *Dictionnaire Universel*, op. cit., t.III, p.606; e "Touche", em ibid., p.681.
22 Chartier, "Écriture et mémoire. Le 'librillo' de Cardenio", em *Inscrire et effacer: culture écrite et littérature (XIe-XVIIIe siècle)*, p.33-52.

encontra inserido na edição da obra.[23] O leitor a recebe, tal como a princesa.

Uma nota marginal às *Crônicas do Sábado* traz o relato da invenção do mapa. Deve-se a Paul Pellisson, que reuniu as cartas e os versos escritos pela pequena sociedade que se encontrava a cada semana no salão de Madeleine de Scudéry.[24] A nota é afixada a uma carta de Acante, ou seja, o próprio Pellisson, endereçada a Safo, ou Mademoiselle de Scudéry. Nessa carta, Acante declara que gostaria de poder voar, não como uma águia, mas como uma mosca:

> [...] sinto já alguma relação com esse animal. Não faço nenhum barulho. Com frequência eu importuno, mas nunca firo. Amo perdidamente os doces, e, embora às vezes me acusem de ser uma mosca esguia, nenhum outro animal se deixa capturar tão facilmente como eu. Por fim, não obstante outros eventuais inconvenientes, prometo-lhe que me acomodarei perfeitamente a essa metempsicose,

---

[23] Na edição de 1654, assim como na de 1660, que inclui a quinta e última parte do romance *Clélie: histoire romaine*, o mapa vem à p.397.

[24] Scudéry; Pellisson et al., *Chroniques du Samedi, suivies de pièces diverses (1653-1654)*. Ver sobre esse manuscrito a nota crítica de Turnovsky, "Chroniques des *Chroniques du Samedi*: l'invention d'un manuscrit", trad. Cécile Soudan, *Les Dossiers du Grihl*, 11 fev. 2017. Disponível em: https://journals.openedition.org/dossiersgrihl/6795. Acesso em: 8 mar. 2024.

já desde o instante de minha chegada, oriundo do país da *Amizade Particular*, ao da *Amizade Terna*, ao qual há tanto tempo eu aspiro.²⁵

A nota de Pellisson esclarece a alusão:

Em uma de nossas conversações de sábado, quando Safo ofereceu, a propósito da amizade, uma distinção entre seus novos amigos, seus amigos particulares e seus amigos ternos, Acante perguntou a qual classe ele pertencia, ao que lhe responderam, *à dos particulares*. Tratou então de perguntar se Particular era muito longe de Ternura, e se um homem que caminhasse de maneira constante e diligente, que partisse em viagem no mês de novembro, no qual se encontravam, poderia chegar a Ternura em fevereiro, quando completariam os seis meses que Safo reservara para testá-lo. Responderam-lhe que tudo dependia de escolher o caminho certo, pois, caso se desviasse, não chegaria nunca ao seu objetivo. Perguntou então quantos eram os caminhos. Foi-lhe dito que poderia ir por água, por terra e por ar, e que escolhesse o que quisesse. Ao que ele respondeu, que o terceiro era o mais curto e que inventaria um meio de voar. Muitos então observaram que havia quem acreditasse que tal coisa não era impossível. Dois dias depois, ele escreveu o seguinte bilhete [copiado por seu secretário e reunido em suas *Crônicas*].²⁶

---

25 "Acante à Sapho", em Scudéry; Pellisson et al., *Chroniques du Samedi*, op. cit., p.127.
26 "Note marginale: argument de ce qui suit", em ibid., p.126.

Na França: preciosismo e mística

Pellisson anota: "Esse galanteio, levado adiante, deu origem ao famoso *Mapa de Ternura*, depois introduzido no primeiro volume de *Clélia*". Antes mesmo de ser inserido na edição impressa do romance, de 1654, o mapa já existia e circulara entre os frequentadores do Salão. Tal como Clélia, Mademoiselle de Scudéry o desenhou (segundo Pellisson, uma semana depois da conversação), e assim ele foi impresso. São os dois estágios iniciais do mapa, que Pellisson gostaria de ver inserido nas *Crônicas dos Sábados*, logo após o bilhete de Acante:

> Seria desejável inserir aqui ou logo após o bilhete o primeiro projeto do *Mapa de Ternura*, feito em um dos sábados por Safo, acrescentando, ainda, o mapa posteriormente gravado e impresso, conservando assim esse original e mostrando o que lhe foi depois acrescentado, na verdade muito pouco.[27]

Nas primeiras peças reunidas por Pellisson, numerosas são as alusões ao mapa, que se tornara um assunto agradável e recorrente nos jogos galantes do Salão. Safo o menciona em sua resposta ao bilhete de Acante, redigido, sem dúvida, antes que ela fizesse o seu desenho:

> [...] conheci em minha vida pessoas que foram de *Particular* a *Ternura* e mesmo pelo caminho

---

27 Ibid.

mais longo. Garantem-me, contudo, que a demora não os entediou, pois havia mil coisas agradáveis para se distrair. Eu poderia, caso o senhor assim deseje, enviar-lhe um pequeno mapa desse país, mas, como não sei se decidiu ir por terra, por água ou pelo ar, não me parece que por ora seja necessário fazê-lo. Esperarei até sábado para saber qual será a sua resolução.[28]

Nos textos que se seguem, o mapa adquire materialidade: quando é visto até nas mãos "de secretários de Estado", Safo o pede de volta a Acante, que não sabe se deve se inquietar ou se felicitar: "Pediu-me o mapa para me excluir de *Ternura* ou, ao contrário, para mostrar que não preciso mais dele, e que estou agora tão próximo dessa bela localidade quanto estamos do mês de fevereiro?".[29] Mais tarde, Safo reenvia o mapa a Acante, depois de mostrá-lo a alguns amigos mais íntimos: "para lhe mostrar que não quero que muitos tenham acesso a *Ternura*, devolvo-lhe o *mapa*, que só foi visto por Madame du Plessis e Madame Cornuel [...]".[30] Acante recebe o mapa, mas dá pela falta de alguma coisa.

> Permita-me que me queixe por não ter me enviado o pequeno cordão amarelo que ligava o *Mapa de Ternura*. Como poderia pensar que eu o teria guardado com tanto cuidado, para destiná-lo

---

28 "Réponse de Sapho", em ibid., p.130.
29 "Acante à Sapho", em ibid., p.235.
30 "Sapho à Acante", em ibid., p.242.

a Madame du Plessis ou a Madame Cornuel, para quem ele não teria nenhum uso? Sei que é injusto de minha parte lhe censurar por isto, mas, quando se tem tão pouco, a menor perda traz uma falta imensa.[31]

O mapa alimenta certas peças mais ambiciosas que as cartas; por exemplo, as paródias ou pastiches de guerra em voga na época. Antes da edição impressa do romance, redigiu-se um *Discurso geográfico para a utilidade daqueles que gostariam de aprender o mapa para chegar a Ternura*, que descreve uma província diferente daquela representada no mapa de 1654. Após a publicação, foram compostas uma *Gazeta de Ternura* e um *Relato do que desde então aconteceu em Ternura*, ambos paródias do gênero das gazetas. A invenção de Safo foi, assim, exitosa em oferecer um novo jogo de uso galante para os frequentadores dos sábados no Salão. Mas a circulação de peças manuscritas e o sucesso da edição crítica de *Clélia* fizeram que o *Mapa de Ternura* rapidamente se tornasse conhecido para além dessa pequena sociedade.

Clélia, a exemplo de Mademoiselle de Scudéry, tampouco gostaria que o mapa circulasse para além de círculos restritos:

> Clélia rogou a Hermínio, para quem fizera o mapa, que não o mostrasse senão a cinco ou seis

---

31 "Acante à Sapho", em ibid., p.244.

pessoas mais queridas, pois, como não passava de uma simples bagatela, ela não gostaria que os tolos, que não estavam a par da brincadeira, e não poderiam, portanto, compreender o galanteio, se pusessem a falar a seu respeito a torto e a direito, e sem nenhuma delicadeza.[32]

Assim como poemas e bilhetes galantes, o mapa alegórico só pode ser compreendido no seio das cumplicidades que ligam os membros de uma sociedade seleta.[33]

Mas o desejo de Clélia não foi suficiente para conter a curiosidade do público pela sua engenhosa invenção:

> [...] Houve certa conjuntura que fez com que, embora se quisesse mostrar esse mapa apenas a poucas pessoas, ele causasse tanto alvoroço pelo mundo afora que só se falava no *Mapa de Ternura*. Todas as pessoas dotadas de um mínimo de espírito que havia em Cápua se puseram a escrever não importa o que fosse a seu respeito, em verso ou em prosa, e ele serviu de pretexto a um poema dos mais engenhosos, a versos os mais galantes, a belíssimas cartas, a bilhetes agradabilíssimos, e a conversações tão divertidas que, segundo Clélia, valiam mil vezes o seu mapa. Então, não havia quem não perguntasse aos outros se gostariam de ir a Ternura.[34]

---

32 Scudéry, *Clélie: histoire romaine* (2006), op. cit., p.96.

33 Viala, *La France galante: essai historique sur une catégorie culturelle, de ses origines jusqu'à la Révolution*.

34 Scudéry, *Clélie: histoire romaine* (2006), op. cit., p.96.

A enumeração, que poderia remeter aos versos e bilhetes reunidos por Pellisson nas *Crônicas do Sábado* para manter dentro do salão as variações sobre o tema do mapa, indica, no romance, a passagem do cenáculo ao público, da "cabala" ao "mundo":

> De início, Clélia ficou chateada com o tanto que se falava sobre o mapa. Um dia, ocorreu-lhe dizer a Hermínio: "Como eu poderia concordar que uma bagatela como essa, que um dia julguei que seria agradável para o nosso círculo em particular, tenha se tornado pública, e que algo que me esforcei para mostrar a apenas uma meia dúzia de pessoas, das mais espirituosas, delicadas e sapientes, tenha caído nas mãos de duas mil que não têm nada disso, e que estão despreparadas para julgar as coisas belas?"[35]

O leitor do romance, também ele com o mapa em mãos, deverá tomá-lo pelo que ele é, "uma bobagem que tem algo de galante e ares de novidade, para aqueles cujo espírito esteja preparado para compreendê-la".[36]

Desde o desenho inicial de Mademoiselle de Scudéry, a "bagatela" foi muitas vezes comentada. Essas múltiplas leituras, que lhe dão significações diversas, podem ser distribuídas entre duas concepções da relação entre mapa e texto. A primeira põe o acento em sua possível

---

35 Ibid., p.96-7.
36 Ibid., p.97.

equivalência.[37] É por isso que, no romance, Célère explica à princesa dos leontinos a significação do vocabulário cartográfico (rio, rota, vilarejo, cidade, lago, mar etc.), bem como dos topônimos que designam os diferentes lugares. Seu discurso é uma glosa do mapa, e este é uma representação figurada dos sentimentos que as palavras exprimem. A descrição é precedida pela consideração dessa correspondência entre as palavras pronunciadas e os lugares mostrados:

> Deve se lembrar bem, madame, que Hermínio rogou a Clélia que lhe ensinasse o caminho que leva de *Amizade* a *Ternura*, de tal maneira que é necessário começar pela primeira cidade que se encontra na parte inferior do mapa, e, a partir dela, chegar às outras. Para que compreenda o desenho de Clélia, vereis que ela imaginou que podem adentrar a ternura a partir de três causas diferentes: uma grande estima, o reconhecimento, ou uma inclinação. Isso a forçou a estabelecer três cidades em Ternura, à beira de três rios que trazem esses nomes, estabelecendo, ainda, três rotas diferentes para chegar até ela. E, assim como dizemos Cumes à beira do mar da Jônia, e Cumes à beira do mar Tirreno, diremos *Ternura à beira da Inclinação, Ternura à beira da Estima, e Ternura à beira do Reconhecimento.*[38]

---

37 Zumthor, "La Carte de Tendre et les Précieux", *Trivium*, v.6, p.263-73, 1948; ver "La Carte, c'est le poème; le texte en est la glose", p.270.

38 Scudéry, *Clélie: histoire romaine* (2006), op. cit., p.92-3.

Após ter indicado as rotas e vilarejos que levam a essas duas últimas cidades, enquanto o rio conduz sem parada à Ternura à beira da Ternura, Célère retoma a descrição do mapa que ele mostra à princesa:

> Mas, Madame, como não há caminhos nos quais não se possa se perder, Clélia fez, como pode ver, que se aqueles que estão em *Nova Amizade* se desviassem um pouco para a direita ou um pouco para a esquerda, também se perderiam; pois se, ao partir de *Grande Espírito*, alguém fosse para a *Negligência*, que você vê logo ali neste mapa, e então continuasse nesse desvio, indo para a *Desigualdade*, depois para a *Tibieza*, *Leveza* e *Esquecimento*, em vez de se encontrar em *Ternura* sobre a *Estima*, encontraria o *Lago da Indiferença*, que você vê marcado neste mapa, e que, com suas águas tranquilas, certamente representa com precisão a coisa da qual leva o nome neste lugar. Por outro lado, se, ao partir de *Nova Amizade*, alguém fosse um pouco demais para a esquerda e fosse para a *Indiscrição*, *Perfídia*, *Orgulho*, *Maledicência* ou *Maldade*, em vez de se encontrar em *Ternura* à beira do *Reconhecimento*, se encontraria no *Mar da Inimizade*, onde todos os navios naufragam, e que, pela agitação de suas ondas, certamente corresponde a essa paixão impetuosa que Clélia deseja representar.[39]

Uma vez glosado e explicado, o mapa gravado por François Chauveau para a edição de 1654 se inscreve no paradigma da equivalência entre texto e imagem. Os discursos podem pintar,

---

39 Ibid., p.94-5.

e as imagens, narrar. As palavras de Célère enunciam, tais como as gravadas no mapa, a significação do desenho, enquanto este exibe diretamente as dissertações de Clélia sobre a amizade e a ternura.

Em outra perspectiva, a imagem mostra o que o discurso não pôde nem poderia dizer. O texto que glosa o mapa não pode nem explicitar nem controlar a sua significação. O mapa substitui o tempo pelo espaço, a cronologia pela sincronia, as regras da escrita pelo código gráfico, as taxonomias fixas pelas possibilidades múltiplas.[40] É um suplemento, não uma equivalência. A própria maneira como ele é composto permite ver figuras que provavelmente penetraram no inconsciente de alguns de seus primeiros leitores: os quinze círculos, as três elipses e os cones que oferecem uma "viagem óptica",[41] ou a figura do coração, desenhada pelas rotas que religam as três cidades de Ternura, e a de uma âncora, que simboliza as perigosas rotas em que podemos nos perder,[42] ou, ainda, uma representação cartográfica do corpo feminino.[43]

---

[40] Bassy, "Supplément au voyage de Tendre", *Bulletin du Bibliophile*, v.1, p.13-33, 1982.

[41] Filteau, "Le Pays de Tendre: l'enjeu d'une carte", *Littérature*, n.36, p.37-60, 1979.

[42] Bassy, "Supplément au voyage de Tendre", op. cit., p.28.

[43] Peters, *Mapping Discord: Allegorical Cartography in Early Modern French Writing*, p.106.

Na França: preciosismo e mística

Fundamentadas ou arbitrárias, anacrônicas ou possíveis, essas "leituras" convidam a liberar o *Mapa de Ternura* das glosas feitas pelas personagens do romance e pelos frequentadores do salão. Poderia ser que a sua composição por Chauveau, tanto quanto os seus possíveis efeitos sobre os leitores, sejam regidos por associações de significações que escapam ao discurso. E também, é quase certo, ao historiador prudente.

Os caminhos da alma: João da Cruz, 1621 e 1641

Madeleine de Scudéry não foi a primeira a traçar num mapa um percurso da alma ou do coração. Um livro editado em Paris em 1641, e posteriormente em 1645 e 1652, oferece o exemplo de uma apropriação espiritual da invenção. No primeiro volume das *Obras espirituais* de João da Cruz encontra-se uma gravura que indica os caminhos a serem seguidos para chegar ao monte Carmelo, ou seja, para atingir a perfeição da alma e a união com Deus.[44] Em

---

44 La Croix, *Les Œuvres spirituelles de B. Père Jean de la Croix* [Premier Carme Déchaussé de la Reforme de nostre Dame du Mont Carmel, & Coadjuteur de la saincte Mere Terese de Jesus. Nouvellement revues et très exactement corrigées sur l'Original, par le R. P. Cyprien de la Nativité de la Vierge,

1641, essa gravura contava já com uma longa história. João da Cruz a desenhara para sua filha espiritual, Madalena do Espírito Santo, uma carmelita descalça, em fins da década de 1570, pouco depois de ela ter composto o poema "Noite escura". O poema e o mapa inspiram os dois tratados que os explicitam, compostos por João da Cruz em 1584 e 1585, "Subida ao monte Carmelo" e "Noite escura da alma".[45] As duas obras, assim como o poema, só foram impressos em 1618, com uma gravura do monte Carmelo de autoria de Diego de Astúrias (Figura 23).[46]

Carme Déchaussé. Ensemble quelques Opuscules dudit B. Pere Jean de La Croix, qui n'ont encore esté imprimez, & un Eclaircissement Theologique du Pere Nicolas de Jesus Maria. Le tout traduit en François par le mesme Pere Cyprien Carme Déchaussé], 1641. A gravura da *Subida ao monte Carmelo* vem à p.50.

45 Gaitán, "'Subida del Monte Carmelo'" y 'Noche oscura'", *Teresianum*, v.40, n.2, p.289-335, 1989.

46 La Croix, *Obras espirituales que encaminan una alma a la perfecta union con Dios* [Por el Venerable P. F. Juan de La Cruz, primer Descalzo de la Reforma de N. Señora del Carmen, Coadjutor de la Bienaventurada Virgen S. Teresa Fundadora de la misma Reforma. Con una resunta de la vida del Autor y unos discursos por el P. F. Diego de Jesus Carmelita descalzo, Prior del Convento de Toledo. Dirigido al Ilustrisimo Señor Don Gaspar de Borja Cardenal de La Santa Iglesia de Roma, del titulo de Santa Cruz en Hierusalem], 1618. O mapa é

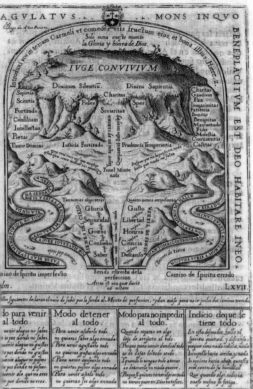

Figura 23. *Mapa da Subida ao monte Carmelo*, **na edição espanhola de 1618, gravura de Diego de Astor.** Extraído de Juan de la Cruz, *Obras espirituales que encaminan una alma a la perfecta union con Dios*, na frente do primeiro fólio da *Subida ao monte Carmelo*. Biblioteca Digital de Castilla y León.

Na França: preciosismo e mística

Na edição de 1641 da tradução do padre Cipriano da Natividade (André de Compans), o mapa é acompanhado por uma "Explicação do enigma que compreende de maneira sucinta toda a Doutrina Mística das obras espirituais do bem-aventurado padre João da Cruz".[47] Ela justifica uma importante alteração da gravura da edição espanhola, que utilizava somente o repertório das realidades geográficas: vereda, caminho, monte, montanha. Enquanto o mapa da primeira tradução francesa, publicada em 1621 (Figura 24) utilizava essa mesma linguagem cartográfica,[48] em 1641 a imagem inclui a alegoria com a representação das almas: "[...] três figuras foram acrescentadas na parte superior das três veredas para dar mais clareza à imagem, pois significam três Almas ou três estados diversos daqueles que aspiram ao gozo dessa união suprema com Deus, tal como ela pode se dar nesta vida" (Figura 25).[49]

Página ao lado:

Figura 24. Mapa da *Subida ao monte Carmelo*, na edição francesa de 1621. Extraído de *Les Œuvres spirituelles pour acheminer les âmes à la Parfaicte Union avec Dieu du Bienheureux P. Jean de la Croix, 1621*.
The Picture Art Collection / Alamy Stock Photo.

impresso na frente do primeiro fólio da *Subida ao Monte Carmelo*.

47 Id., *Les Œuvres spirituelles de B. Père Jean de la Croix*, 1641, p.51-63.

48 Id., *Les Œuvres spirituelles pour acheminer les âmes à la Parfaicte Union avec Dieu du Bienheureux P. Jean de la Croix* [Traduit de L'espagnol en français par M. R. Gaultier, conseiller d'Estat], 1621. Na reedição de 1628, o mapa vem à p.80.

49 Id., *Les Œuvres spirituelles de B. Père Jean de la Croix*, 1641, p.51.

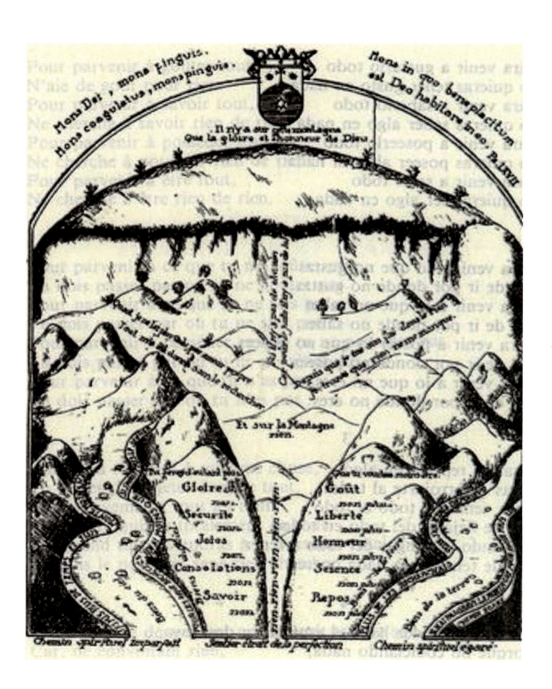

Na França: preciosismo e mística

Com ou sem figuras de almas, o mapa traça três caminhos que levam à "Montanha habitada por Deus", como indica o título da gravura francesa. Dentre os três caminhos, apenas um conduz ao "Banquete perpétuo": a "Vereda estreita da perfeição", desenhada em linha reta no centro da imagem. À direita se encontra o "Caminho do espírito perdido", aquele que, escandido pelo "Repouso", pela "Ciência", pela "Honra", pela "Liberdade" e pelo "Gosto", não oferece mais do que os "Bens da terra". À esquerda, o "Caminho do espírito imperfeito", o dos "Bens do céu", do "Saber", das "Consolações", das "Alegrias", da "Segurança" e da "Glória", que tampouco permite a união divina. A única via que leva até ela é estreita, e exige o desapego em relação aos bens sensíveis:

> Como as três noites podem ser divididas em cinco partes, a saber, a purgação dos sentidos externos, a dos internos, a do entendimento, a da memória e a da vontade, o caminho é pontuado cinco vezes por uma insígnia com o nome NADA, que aparece não apenas no começo e no meio, mas também no fim; o Enigma consiste, justamente, em que NADA SE ENCONTRA NA MONTANHA.[50]

Os obstáculos são numerosos, mas a alma é capaz de superá-los, desde que faça suas as quatro virtudes cardeais, as sete virtudes teológicas, os sete dons e os doze frutos do

Página ao lado:

Figura 25. Mapa da *Subida ao monte Carmelo*, na edição francesa de 1641. Extraído de *Les Œuvres spirituelles de B. Père Jean de la Croix*, 1641, p.50.
Biblioteca Municipal de Lyon, 337970, p.50.
Foto de Jean-Luc Bouchier.

---

50 Ibid., p.54-5.

Na França: preciosismo e mística

Espírito Santo, sem esquecer as disposições que respondem pelo "SILÊNCIO DIVINO, pela SABEDORIA DIVINA", última exigência antes da contemplação mítica e do acolhimento da palavra divina: "Eu vos trouxe à terra de Carmelo para que possam comer os frutos e os bens que ela dá". O mapa de 1641, assim como o de 1621, menciona cada uma das virtudes e dons do Espírito Santo que permitem atingir a beatitude. Ambos trazem textos, mas, no de 1641, a explicação que guia o leitor garante a mais perfeita correspondência entre a imagem e sua glosa.

* * *

Entre o mapa da *Subida ao monte Carmelo* e o da viagem a Ternura à beira da Inclinação existe um forte parentesco morfológico. Ambos são lidos de baixo para cima, ambos traçam três caminhos, dos quais apenas um leva diretamente à felicidade, ambos inscrevem em uma topografia imaginária palavras que designam virtudes e sentimentos. Seus respectivos desenhos convidam à comparação entre eles, organizando, em torno de um eixo central, vereda ou rio, um espaço que relega à direita e à esquerda os itinerários que levam à perdição do viajante. Mas isso não é tudo. Na edição de 1641 da *Subida ao monte Carmelo*, bem como na de 1654 de *Clélia*, é postulada uma equivalência entre o que o

Na França: preciosismo e mística

mapa mostra e as palavras que o explicam a quem o observa.

Uma diferença, porém, marca os gêneros respectivos de cada uma dessas obras. O término da peregrinação espiritual é o "BANQUETE PERPÉTUO que Deus oferece à alma que goza desse estado de felicidade", e, para além do monte Carmelo, não há nada, pois ele é a premissa das glórias do Paraíso. Quanto ao viajante galante, ele aprende que, para além de Ternura, existem territórios arriscados e perigosos, quando o seu desejo não se contenta com a amizade terna.

Seria lícito supor que um dos frequentadores dos salões dos Sábados ou mesmo a própria Madeleine de Scudèry teria visto as edições de João da Cruz? Paul Zumthor sugere essa hipótese, apenas para recusá-la.[51] É impossível provar que algum dos participantes do salão teria visto a gravura do monte Car-

---

51 Ver Zumthor, "La Carte de Tendre et les Précieux", op. cit., p.269: "Não penso de forma alguma em influência, embora muitas preciosidades sejam classificadas por De Pure na categoria das devotas; no entanto, considero digna de nota essa identidade de meios de expressão, aplicados a realidades certamente dissimilares, mas análogas: um fenômeno humano considerado essencialmente sujeito ao preceito, submetido à regra de um Melhor e de um Pior em sua própria ordem; uma vida de amor que contém em si mesma sua lei natural, sua moralidade, seu princípio e seu fim".

Na França: preciosismo e mística

melo em uma das três edições publicadas nos doze anos precedentes ao surgimento de *Clélia*. A relação entre os dois mapas permanece, com isso, presa na tensão entre as similitudes morfológicas, irrecusáveis, e a transmissão histórica, meramente possível.

Na França: querela de prioridade e polêmica

Preciosas, amor e coqueteria

Em sua discussão da querela da prioridade a propósito dos mapas da década de 1650, por fim decidida em favor do *Mapa de Ternura*, Charles Sorel menciona o *Mapa do Reino das Preciosas*:

> Segundo se diz, o *Mapa do Reino das Preciosas* teria sido feito antes de todos os outros, também por brincadeira. Sua extensão é mínima; é atribuído a um *seigneur* da Corte conhecido por seus versos agradáveis e galanteios espirituosos, o conde de Maulévrier; quanto à precedência, cada um decida por si mesmo.[1]

Esse mapa em sentido figurado, sem desenho nem gravura, foi publicado em 1658 numa reunião das obras em prosa escritas por Sorel – exceto por três peças,[2] dentre as quais o *Mapa do Reino das Preciosas*. O texto é breve:

> Embarca-se no rio da Confiança, que leva ao porto dos Segredinhos. Passa-se então por Adorável, Divina e Querida, três cidades no longo caminho até o Capricho, que é a capital do reino. A uma légua dessa cidade se situa um castelo bem fortificado a que se dá o nome de Galanteio. É uma edificação muito nobre, e em suas dependências se

---

1 Sorel, *La Bibliothèque française* [1667], p.228.

2 Sorel (org.), *Recueil de pièces en prose, les plus agréables de ce temps*. Composées par divers autheurs [Première partie], 1658.

situam numerosos feudos, dentre os quais Fogos Íntimos, Sentimentos de Ternura e de Paixão, e Amizades Amorosas. Vêm depois as grandes planícies da Coqueteria, ladeadas pelas montanhas dos Trejeitos e da Afetação. Na extremidade do reino, encontra-se a lagoa da Perdição.[3]

O editor da coletânea comenta:

> Na opinião de alguns, esse mapa deveria ser mais extenso, pois o objeto assim mereceria, mas outros defendem que as coisas não podem ser inventadas e ao mesmo tempo perfeitas. Não importa quem receba os louros da novidade, a cada um o seu mérito.[4]

O mapa, que aparece na coletânea sem autoria designada, foi depois atribuído ao próprio Sorel pelo marquês de Maulévrier, um dos familiares da casa de Gastão d'Orléans.[5] Sua publicação data de 1658, mas sua invenção pode ter sido mais antiga – supondo que a ela se refira Renaud de Sévigné, o tio da marquesa, numa carta que ele endereça à duquesa de Savoia em abril de 1654: "Há um gênero de garotas e mulheres em Paris, a que se dá o nome de *preciosas*, que têm um jeito próprio de falar e de se comportar, e afetam

---

3 "La Carte du Royaume des Pretieuses", em ibid., p.322-3.
4 Ibid., p.323.
5 Sorel, *Description de l'Île de Portraiture et de la Ville des Portraits (1659)*, p.36-7.

modos encantadores: foi inventado um mapa para a navegação em seu país".[6]

Segundo candidato à invenção da cartografia alegórica: o *Mapa do Reino do Amor*. Sorel propõe que ele seja atribuído ao sr. Tristão e indica a sua forma de publicação, "o primeiro volume das *Peças em prosa mais agradáveis da nossa época*", mas tem dúvidas quanto à data ("seria difícil saber em que tempo isso foi feito, se não fosse no tempo em que isso estava em voga").[7] De fato, um mapa, também este em sentido figurado, sem gravura, acompanha *O Reino das Preciosas* tal como foi publicado na coletânea de Charles de Sercy em 1658. É introduzido com as seguintes palavras: "O Reino do Amor se situa bem perto daquele das Preciosas, é uma região muito agradável, e viajamos por ela com satisfação quando temos o seu mapa, pois não corremos o risco de nos perder".[8] Nessa coletânea, o mapa em

---

[6] "M. de Sévigné à Madame Royale" [13 abr. 1654], em Lemoine; Salnier (orgs.), *Correspondance du chevalier de Sévigné et de Christine de France, duchesse de Savoie*, p.246. Ver também "Précieuses: La Carte du Royaume des Précieuses", *Web 17: le XVIIe siècle de Roger Duchêne*. Disponível em: http://web17.free.fr/D007/200/2300. Acesso em: 30 nov. 2021.

[7] Sorel, *La Bibliothèque française*, op. cit., p.228-9.

[8] "La Carte du Royaume d'Amour. Ou la description succinte de la Contrée qu'il régit, de ses principales Villes, Bourgades, & autres Lieux. Et le chemin qu'il

questão é descrito na viagem que conduz de um lugar a outro a partir da "Grande Planície da Indiferença", passando pelo "Bosque da Bela Assembleia" e pela estalagem dos "Doces Olhares" até o "Gozo" e a "Saciedade", seguidos pela "Amizade Superficial" e pela "Nova Inclinação" – "de tal maneira que percorremos, ao que parece, o circuito completo da Região do Amor".[9]

A descrição se torna imagem graças a um mapa gravado por Jean Sadeler (Figura 26). Em seu cartucho está indicado o "Reino do Amor na ilha de Citera", em um "Mapa descrito pelo sr. Tristão, o Eremita, em 1650". Se aceitarmos essa atribuição,[10] a data de 1650, bastante anterior à *Coletânea* de Sercy e ao romance de Scudéry, parece duvidosa: o ano de 1659 é muito mais provável. De uma edição ou tiragem a outra, o colorido e o corte do mapa são alterados: uma das versões acrescenta à imagem, na parte esquerda, uma "tabela" que enumera os

---

faut tenir pour y faire voyage", em Sorel, *Recueil de pièces en prose*, op. cit., p.324-31, aqui p.324.

9 Ibid., p.330.

10 Donné, "Tristan dans l'espace des topographies morales et galantes: *La Carte du Royaume d'Amour*", em Jacques Prévot (org.), "Actualités de Tristan: actes du Colloque International, Université Paris X-Nanterre et École Normale Supérieure, 22-24 nov. 2001", *Littérales*, n.3, p.211-28, 2003.

Figura 26. *Mapa do Reino do Amor na ilha de Citera*, gravura de Jean Sadeler colorida por Daniel Derveaux. Daniel Derveaux, *Mapa do Reino do Amor*, que representa as diferentes etapas dos sentimentos amorosos. Daniel Derveaux coloriu a versão antiga, de Tristão, o Eremita, e de Jean Sadeler, de 1659. Esta fora gravada para representar o texto de Tristão publicado sem mapa em 1658 na *Recueil de pièces em prose, les plus agréables de ce temps*.
© Adagp, Paris, 2022.

dezesseis locais do circuito de Citera que leva o peregrino a seu ponto de saída.

Se, como somos levados a pensar, o mapa descrito por Tristão e gravado por Sadeler é posterior ao de *Clélia*, então ele opera um triplo deslocamento: da terra firme à ilha, do mundo romano à época contemporânea, da terna amizade ao amor carnal. As três Vênus e os sete amores exibem a libertinagem erótica, reforçada pelos convivas, pelos músicos e pelas jovens seminuas, situados no canto inferior esquerdo da gravura. A fatalidade de um percurso sempre recomeçado parece ensinar uma lição: apenas uma decisão radical poderia interromper a inexorável repetição. Para tanto, é preciso abandonar a rota à margem dos dois mares, o da Inclinação e o das Preciosas, voltando-se para o interior da ilha:

> Há aqueles que dizem que no coração se encontra a capital, mas o caminho para chegar até aí é longo, ela se encontra numa montanha cujo cume é muito mais alto que as nuvens. Não é possível alcançá-lo a carruagem ou a cavalo, sequer com mulas e outros animais de montanha, somente a pé: mesmo assim, é preciso às vezes tirar os calçados, apesar do caminho pedregoso. Muitos autores sérios descreveram as singularidades dessa cidade, chamada Amor Celeste. Os modernos preferem o nome de Santidade Monástica, pois nela não há ninguém de vida duvidosa [...].[11]

---

11 "La Carte du Royaume d'Amour", em Sorel, *Recueil de pièces en prose*, op. cit., p.330-1.

A ironia sob a moral é cortante.[12] Segundo Sorel, um terceiro mapa disputa a prioridade com o *Mapa de Ternura*:

> A *Descrição do Reino da Coqueteria*, que é obra de um de nossos autores ilustres, é uma pintura agradável do modo de vida de muitas pessoas deste século. Alguns dizem que teria sido a primeira peça do gênero em nossa língua, mas que, tendo permanecido inédita por alguns anos, foi precedida por outras.[13]

A "peça" evocada por Sorel é um pequeno livro publicado por Charles de Sercy em 1654, mesmo ano de *Clélia*, intitulado *História dos tempos, ou relato do Reino da Coqueteria*.[14] Atribuído na nota do editor ao leitor a "um dos melhores espíritos de nosso século, que não tenho a permissão de designar pelo nome", essa utopia alegórica é devida ao abade de Aubignac, que não tardará a reivindicar a sua paternidade, destruindo assim a ideia de que a invenção teria sido inspirada pelo romance de Scudéry. A inversão da acusação já estava presente, na pena de Aubignac, na edição de 1654, em que o editor indicava que a obra fora

---

12 Lestringant, *Le Livre des îles: atlas et récits insulaires de la Genèse à Jules Verne*, p.314-6.

13 Sorel, *La Bibliothèque française*, op. cit., p.229.

14 Hédelin [abade de Aubignac], *Histoire du temps, ou Relation du royaume de Coqueterie* [Extraite du dernier voyage des Holandois aux Indes du Levant].

feita "por diversão, em uma época em que ele poderia tê-la oferecido ao público sem prejuízo de sua reputação [quando ainda não fora ordenado]".[15] Os únicos a ter conhecimento dela foram, portanto, aqueles que, "por direito de amizade, puderam realizar a sua leitura no gabinete".[16]

O argumento se torna mais veemente na *Carta de Aristeu a Cleonte*, publicada pelo abade de Aubignac em 1659.[17] Sua estratégia é dupla. De um lado, ele devolve a acusação de cópia ou de roubo, evocando uma conversação que teve com Madeleine de Scudéry: "Ela certamente se lembra da primeira vez em que me mostrou seu mapa do país de Ternura, quando mencionei que eu mesmo, já há algum tempo, fizera uma descrição da vida dessas mulheres extravagantes a quem chamamos coquetes".[18] Por outro lado, ele situa a sua invenção como parte de uma longa história alegórica, desde a Bíblia até a época contemporânea. Essa genealogia, que inspirou o reino da Coqueteria ("é uma das muitas in-

---

15 Ibid., fólio ãll, frente e verso.
16 Ibid., fólio ãlll, frente e verso.
17 Id., "Lettre d'Ariste à Cléonte, contenant l'Apologie de l''Histoire du temps' ou la Défense du 'Royaume de Coqueterie'" foi publicada pela primeira vez em uma reedição da *Histoire du temps* (1659), e, depois, em separado, por Pierre Bienfait (1660).
18 Ibid. [1660], p.6-7.

venções que me vieram da leitura de diferentes obras dos antigos e dos modernos e cuja mistura deu origem ao reino do inopinado"),[19] levou-o a reencontrar países que já visitamos, a Utopia de Thomas More e o mundo austral de Joseph Hall, cujo livro ele resume assim:

> Não se trata de uma descrição das Índias ou de alguma outra terra recentemente descoberta, mas da história alegórica da devassidão, na qual vemos, por meio de um relato e de um grande mapa geográfico repleto de cidades, burgos, mares, rios e outros símbolos, os motivos, o progresso e as ocorrências de uma vida entregue à volúpia dos sentidos.[20]

A defesa do opúsculo de 1654 fornece o pretexto para uma história e uma poética da alegoria.[21]

O modo alegórico governa a representação "figurada", que, no entanto, pode mobilizar figuras do discurso bem como recursos de imagem. A edição de 1654 da *História dos tempos* não traz mapa. O único que ela menciona é o "Mapa dos lugares de produção de presentes", conservado na biblioteca pública imaginária do reino.[22] O texto foi reeditado em 1655, também

---

19 Ibid., p.84-5.
20 Ibid., p.96-7.
21 Pioffet, "Esquisse d'une poétique de l'allégorie à l'âge classique. La glose de l'abbé d'Aubignac", *Études littéraires*, v.43, n.2, p.109-28, 2012.
22 Hédelin, *Histoire du temps* [1654], op. cit., p.53.

sem nenhum mapa, juntamente com três outras obras de Aubignac.[23] Todavia, alguns de seus leitores inseriram em seus próprios exemplares um *Mapa do Reino da Coqueteria* (Figura 27), que oferece uma tradução visual dos lugares e edificações descritas pelos marinheiros – o Capitão Juventude e seus assistentes, Bomtempo e Bom Humor – que desembarcaram nessa ilha, "que não fora descoberta e que não se encontrava assinalada nos mapas marítimos".[24] O mesmo para a edição pirata de Lyon, publicada em 1655, que traz, em um de seus exemplares, colado sobre uma página, o mapa desdobrável do reino da Coqueteria (diferente do mapa já mencionado).[25]

O gravurista seguiu fielmente o texto de Aubignac. A oeste da ilha se encontram dois castelos, "Ócio" e "Libertinagem", a leste, as

---

23 Id., *Histoire du temps, ou la Relation veritable du Royaume de la Coqueterie: La Blanque des Illustres Filoux du mesme Royaume de Coqueterie. Et les Mariages bien assortis*, 1655.

24 Id., *Histoire du temps* [1654], op. cit., p.2.

25 Id., *Histoire du temps, ou Relation du royaume de Coqueterie. Ensemble le Siege de la Bauté & la Blancque des Illustres Filous* [jouxte la copie imprimée à Paris]. Consultamos o exemplar do catálogo de venda de Pierre Bergé e Associados (*Bibliothèque d'un amateur*, 16 dez. 2016, lote n.3): "O exemplar está completo com a plancha gravada desdobrável, representando a *Carte du Royaume de Coquetterie* (26 x 32cm)".

Na França: querela de prioridade e polêmica

duas casas de campo, "Insensatez" e "Gastança", "nas quais muitas damas que seguem o Amor Coquete vão buscar por um estilo de vida e seus costumes".[26] Ao sul, na entrada da cidade, situa-se a praça dos Mimos, "que cresceu muito com a ruína do Templo do Pudor".[27] A norte se encontra o "Palácio das Boas Fortunas", casa de campo do príncipe do reino: "Todas as suas portas são feitas de falsos prazeres, sem mencionar os aposentos do pudor perdido, nos quais tudo o que se passa de mais secreto pode ser dito um mistério escandaloso. O silêncio reina, sob o comando do Amor Coquete".[28] Sem retomar a sua ordem de enumeração, a gravura mostra os oito caminhos que levam ao palácio. No centro da imagem está a "praça do Rei", "cercada por uma infinidade de retiros nos quais se reúnem as assembleias de notáveis de Coqueteria".[29] Sobre um grande obelisco de mármore negro leem-se as leis fundamentais desse reino, mas pelo avesso: a fidelidade é uma troça, a modéstia é uma máscara, a fidelidade é ignorada, e "as mulheres brincam de homens e os homens de feras".[30] A leste da ilha, a topografia dita a inanidade dessa sociedade: o "Escritório das Recompen-

Página seguinte:

Figura 27. *Mapa do Reino da Coqueteria.* Gravado para representar cartograficamente o texto do abade de Aubignac, *Histoire du temps, ou Relation du royaume de Coqueterie*, publicado em 1654 sem mapa. O mapa foi inserido no texto por alguns de seus leitores. Biblioteca Nacional da França.

---

26 Id., *Histoire du temps* [1654], op. cit., p.7.
27 Ibid., p.9.
28 Ibid., p.12.
29 Ibid., p.54.
30 Ibid., p.58.

CARTE DV ROYAVME DE COQVETTERIE

Oisiueté

Tournois de Chars dorée

Course de faquin

berlan *berlan*

Academie

Place du Roy

berlan *Magasin*

Liberlinage

Descente

Place de la caiollerie

sas" é, na verdade, um lugar "que parece ter sido amaldiçoado pelo Céu, em que a Natureza só produz coisas irritantes ou insuportáveis",[31] enquanto a "Berna das Coquetes", à beira do "Lago da Confusão", é um lugar de humilhação para as mulheres que foram desprezadas após terem sido exaltadas. Algumas se lançam do "Abismo do Desespero", enquanto as mais prudentes buscam refúgio na "Capela do Santo Retorno", que se situa em terra firme. As que decidem abandonar para sempre o reino da Coqueteria são levadas pelo navio do "Capitão *Arrependimento*": "Escolhendo sentimentos melhores e rotas contrárias às que haviam tomado, elas desfrutam de um repouso e de uma satisfação verdadeira, que haviam inutilmente buscado na estadia de problemas e infortúnios".[32]

O país da Jansênia

Na França de meados do século XVII, os mapas de países imaginários não foram somente os dos sentimentos, mas também os dos vícios e ridículos. Sorel indica que a

---

31 Ibid., p.65-6.
32 Ibid., p.76-7. Sobre o texto do abade de Aubginac e o Mapa do Reino de Coqueteria, ver Lestringant, *Le Livre des îles*, op. cit., p.307-14; e Peters, *Mapping Discord: Allegorical Cartography in Early Modern French Writing*, p.126-40.

invenção foi igualmente posta a serviço da polêmica religiosa: "Encorajados por essa espécie de obra, compuseram-se muitas outras por emulação: escreveu-se uma *Carta sobre o jansenismo* para zombar dos que seguem a doutrina de Jansênio".[33] Sorel refere-se aqui a um pequeno livro publicado em Paris, em 1660, por Zacarias de Lisieux sob um de seus pseudônimos, o de Louis Fontaines, *Sieur* de Saint Marcel.[34] A obra se apresenta como um relato de viagem: "Irei descrever um país do qual os geógrafos até aqui não falaram, e o meu relato é fidedigno, pois viajei para lá e ali passei cinco anos, de tal modo que nada direi além do que viram os meus olhos".[35] O país em questão é o de Jansênio:

> A Jansênia é uma província muito agradável e fértil, situada entre a Libertínia, com a qual faz fronteira no oriente, com suas amplas e férteis pradarias, a Desespéria, quase inteira de areia e pedras, que a encerra em sua parte ocidental, e a Calvínia, na fronteira ao norte. Ao sul ela tem esse mar tempestuoso cujo fundo ainda não foi encontrado e que é tão renomado por seus monstros quanto pelos navios que aí naufragaram.[36]

---

33 Sorel, *La Bibliothèque française*, op. cit., p.230.
34 Sieur de Saint Marcel, *Relation du pays de Jansénie, ou il est traitté des singularitez qui s'y trouvent, des Coutumes, Mœurs & Religion de ses Habitans*, 1660.
35 Ibid., p.1-2.
36 Ibid., p.2-3.

A principal cidade da Jansênia, sede de uma universidade e de um parlamento, situa-se à mesma distância das três províncias vizinhas, de tal modo que é fácil deslocar-se de uma para outra. "Um jansenista caminhante vigoroso que parte pela manhã pode chegar a qualquer uma delas em menos de quatro dias de caminhada. Há entrepostos para os que precisem descansar e coches para os que tenham pressa."[37] Não surpreende, portanto, que os exércitos da Jansênia venham da Calvínia, e que os jansenistas façam comércio com a Libertínia e a Desespéria.

O relato prossegue como uma descrição dos costumes e maneiras dos habitantes. Detém-se em particular nas suas "opiniões, tão perversas e tão abomináveis, que a mera leitura nos enche de horror".[38] Assim, a certeza da graça divina é reservada a uns poucos, pratica-se a abstinência da Eucaristia, designada como "suspensão da Hóstia",[39] e recusa-se a absolvição pelos confessores. As mulheres da Jansênia são um dos alvos privilegiados do viajante, além das "Reclusas" submetidas à tirania de seus superiores e das "Missionárias, que com valentia explicam a sua teologia".[40] Zacarias de Lisieux recapitula, assim, os prin-

---

37 Ibid., p.3-4.
38 Ibid., p.37.
39 Ibid., p.45.
40 Ibid., p.58 e 62.

cipais temas da polêmica antijansenista. Ele menciona duas peças a respeito na epístola dedicatória do livro, a "declaração do papa Inocêncio", ou seja, a bula *Cum occasione*, de 1653, que condena cinco proposições que os adversários dos jansenistas alegam estar presentes no *Augustinus*, surgido em 1638, e *Jansenismo fulminado*, arte impressa de Albert Flamen também surgida em 1653. O jansenismo, representado como uma hidra de sete cabeças, é fulminado pelo papa, com o auxílio do "Poder da Igreja" e da "Verdade", além do rei da França, inspirado pelo anjo "do zelo e da glória de Deus". Os livros dos falsos profetas são queimados, assim como o já referido *Augustinus*, as *Cartas provençais* de Pascal e as *Cartas de Arnauld*, e não resta aos seguidores senão buscar por refúgio junto a Calvino, que os acolhe em companhia de um "Ministro de Gröningen" e de um "Ministro de Zurique".[41] Na gravura de Flamen, Jansênio e Calvino aparecem juntos.

Na epístola dedicatória, endereçada a Monsieur de ****, o autor explica a originalidade de seu relato, a saber, a presença de um mapa desdobrável inserido no livro:

---

41 Flamen, *Le Jansénisme foudroyé*, 1653, água-forte, 42 x 54 cm. Disponível em: https://www.rijksmuseum.nL/en/coLLection/RP-P-1907-2644. Acesso em: 30 nov. 2021.

> Pensei de início que o discurso que vos dirijo seria suficiente para satisfazer a sua curiosidade e mesmo a do público, mas alguém me aconselhou a acrescentar este mapa, no qual verá com um golpe de vista os contornos do país, os rios que o entornam e o ligam a Estados vizinhos, os seus diversos produtos, e o mar em que terminam as águas dessa célebre localidade.[42]

O mapa, inserido à página 104, não se encontra mais em muitos dos exemplares conservados (Figura 28). Assim como o do monte Carmelo, de 1641, ou o de *Clélia*, de 1654, é objeto de um comentário que guia o olhar do leitor.

A "Explicação do Mapa" indica de saída a significação teológica das regiões vizinhas na topografia do país:

> O jansenismo é uma disposição à libertinagem, ao desespero e ao calvinismo. A opinião de que a graça necessita de uma vontade que tende ao bem, não importa o que nos aconteça ou como agimos, faz o libertino. A doutrina que ensina que Jesus Cristo não morreu por todos e recusa a sua graça a muitos que só poderiam ser salvos por ela faz o desesperado. A seita que priva a liberdade do homem daquilo que a constitui e que sustenta que os Mandamentos de Deus são impossíveis, que ensina o desprezo pelo Soberano Pontífice e os seus decretos e censuras faz o calvinista.[43]

---

42 Fontaines, *Relation du pays de Jansénie*, 1660, fólio ãll, verso.
43 Ibid., p.104-5.

Fiel ao paradigma da equivalência, o comentário traduz em palavras as representações figuradas. As "árvores funestas, nas quais vemos homens pendurados" significam o país do desespero: as estátuas de Baco e de Vênus, a terra da volúpia e da libertinagem.[44] No centro da gravura, o "túmulo atingido pelo raio é o do professor de Flandres" condenado pelo papa (ou seja, Jansênio), e a "floresta em que se vê uma habitação, e que é o retiro daqueles que são o que não são e não são o que são".[45] Sobre a gravura, um local indicado como "Floresta dos Semi-Anacoretas".

Mas a explicação da imagem não pretende esgotar as suas significações. A gravura é repleta de animais. Cabe ao leitor encontrar o seu sentido alegórico:

> Deixamos que você adivinhe os animais para o seu exercício: esses burros meio desfigurados; esses gansinhos em rebanhos, esses bezerros grandes que poderiam ser confundidos com bois, essas ovelhas-lobos, essas corujas simpáticas, esses cervos remadores altos, essas raposas amigas das galinhas, porque tudo isso vale bem a pena o seu tempo para se dar ao trabalho de atendê-los procurando a explicação.[46]

---

44 Ibid., p.106-7.
45 Ibid., p.108-9.
46 Ibid., p.109-10.

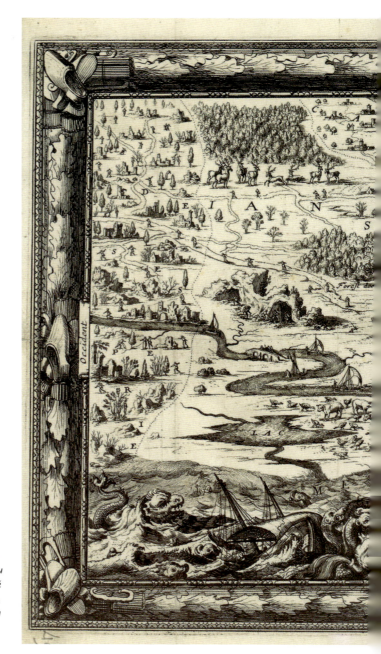

Figura 28. Mapa do país da Jansênia. Extraído de Louis Fontaines, Sieur de Saint Marcel [Zacarias de Lisieux], *Relation du pays de Jansénie, ou il est traitté des singularitez qui s'y trouvent, des Coutumes, Mœurs & Religion de ses Habitans*, 1660, p.104. Biblioteca Nacional da França.

Transposto para o domínio da controvérsia religiosa, o mapa alegórico não perdeu seu caráter lúdico. O leitor decifrará o que não lhe é explicado.

O livro de Zacarias de Lisieux teve diversas reedições, sem dúvida porque a presença de um mapa o destacava em meio à torrente de publicações hostis aos jansenistas. Denis Thierry e Claude Barbin o editaram em Paris em 1664 e 1665. R. Malassis o reedita em Rouen em 1674, dessa vez sem mapa nem explicação. O mapa reaparece em uma edição de 1688, publicada sob um falso endereço irônico: "À Bourg Fontaine; Chez Antoine Arnauld, à l'Enseigne de l'Abbé S. Cyran. Avec Approbation."[47] Outro endereço falso, que zomba de Jansênio, "Iprès, em Antoine Novateur", aparece em reedição impressa sem data, mas publicada, sem dúvida, no início do século XVII.[48] Intitulada *Antifantasma do*

---

47 Fontaines [Zacarias de Liseux], *Description du pays de Jansénie, où il est traitté des singularitez qui s'y trouvent, des Coutumes, Mœurs & Religion de ses Habitans*. O mapa vem à p.86.

48 Id., *L'Anti-Phantome du jansénisme ou la Nouvelle Description du Païs de Jansénie avec ses confins* [La Calvinie, la Libertinie, la Désesperie & la mer Prolyse, ou Mer de Présomption, le tout représenté dans une Carte générale de ces quatre Provinces avec son explication. Où il est traitté des singularitez qui s'y trouvent, des coutumes, mœurs & de la Religion des habitants].

Jansenismo, a obra responde à de Antoine Arnauld, surgida em 1686, *Fantasma do jansenismo*.[49] Arnauld defende que o jansenismo simplesmente não existe, é um fantasma, uma "quimera"[50] inventada pelos inimigos dos verdadeiros servos de Jesus Cristo, caluniados pelas autoridades eclesiásticas a exemplo de alguns dentre os primeiros cristãos.[51]

A reedição do opúsculo de Zacarias de Lisieux com um novo título tinha a intenção de provar que o país da Jansênia era uma realidade. O mapa e sua explicação abrem o livro e precedem uma nova versão do relato que, como diz o título, é uma "Nova descrição". O texto foi significativamente aumentado pelos jesuítas, presentes no texto graças à figura d sábio comandante, Inácio. No final do volume, são acrescentados dois formulários

---

49 Arnauld, *Phantosme du jansénisme ou Justification des Prétendus Jansénistes par le livre même d'un Savoyard Docteur de Sorbonne leur nouvel Accusateur*, 1686. O "Savoyard Docteur de Sorbonne" era François de La Ville, autor de *Préjugés légitimes contre le jansénisme*.

50 Na folha de rosto de um exemplar da edição de 1665 do livro de Zacarias de Lisieux, um leitor jansenista anotou o seguinte: "Como o país da Jansênia é quimérico, a religião, os costumes e os habitantes também devem sê-lo".

51 Quantin, "Ces Autres qui nous font ce que nous sommes: les jansénistes face à Leurs adversaires", *Revue de l'Histoire des Religions*, v.212, n.4, p.397-417, 1995.

de contrição, "o primeiro de acordo com a doutrina de Lutero, de Calvino e de Jansênio, o segundo com a doutrina da Igreja Católica Apostólica Romana". O viajante, após ter descoberto o país de Desespéria, no qual ele vê "um grande número de melancólicos levados até aí pelo desespero, após terem meditado sobre o impenetrável mistério da doutrina da predestinação", retoma o caminho de retorno a Lutécia, indignado com "a perniciosa doutrina que produz efeitos tão funestos" e confiante na proteção do "mais religioso príncipe do universo".[52] O mapa do país de Jansênia é assim encarregado de produzir um efeito paradoxal de realidade. Pois sua realidade não é a que ele representa literalmente, mas a de uma "seita" poderosa e perigosa, que não é quimérica, mas leva os cristãos à heresia e ao ateísmo, privando-os da salvação eterna.

---

52 Fontaines, L'Anti-Phantome du jansénisme ou la Nouvelle Description du Païs de Jansénie, 1688, p.129-30.

Primeiros mapas

Orlando furioso, 1556

Robinson Crusoé, Lemuel Gulliver e, antes deles, Mercurius Britannicus, foram os primeiros heróis de ficção cujas aventuras poderiam ser localizadas pelos leitores. Seria uma ideia inglesa? Antes de adotar essa conclusão, é prudente fazer uma parada em Veneza e abrir a edição de *Orlando furioso* corrigida por Girolamo Ruscelli e publicada por Vincenzo Valgrisi em 1556. Em algumas gravuras dentre as 46 em madeira inseridas antes dos cantos do poema, encontramos porções de mapas geográficos. Cada gravura traz um resumo do canto em imagens, reforçado por um "argumento" em oito versos.[1] As pranchas são estruturadas em uma série de planos em estágios, que correspondem à sucessão dos episódios do relato. As figuras em primeiro plano têm um talhe maior, as do alto da imagem são menores, o que cria a ilusão de perspectiva e

---

[1] Ariosto, *Orlando Furioso di M. Lodovico Ariosto* [Tutto ricorretto, et di nuove figure adornato. Alquale di nuovo sono aggiunte le Annotationi, gli Avvertimenti, & le Dichiarationi di Girolamo Ruscelli, la Vita dell'Autore, descritta dal Signor Giovambattista Pigna, Gli Scontri de' Luoghi mutati dall'Autore doppo la sua prima impressione, la Dichiaratione di tutte le favole, Il Vocabolario de tutte le parole oscure, et altre cose utili & necessarie], 1556.

Primeiros mapas

Páginas seguintes:

Figura 29. Mapa dos périplos orientais de Astolfo. Extraído de Ludovico Ariosto, *Orlando furioso*, 1556, canto 15, p.146.
Kislak Center for Special Collections, Rare Books and Manuscripts, University of Pennsylvania.

Figura 30. Mapa das viagens de Astolfo da Anatólia à Inglaterra. Extraído de Ludovico Ariosto, *Orlando furioso*, 1556, canto 22, p.234.
Kislak Center for Special Collections, Rare Books and Manuscripts, University of Pennsylvania.

Figura 31. Mapa da fuga de Marfisa e da navegação de Ariosto pelo Mediterrâneo. Extraído de Ludovico Ariosto, *Orlando furioso*, 1556, canto 20, p.212.
Kislak Center for Special Collections, Rare Books and Manuscripts, University of Pennsylvania.

Figura 32. Mapa da partida de Astolfo de Rodomonte rumo à África. Extraído de Ludovico Ariosto, *Orlando furioso*, 1556, canto 28, p.313.
Kislak Center for Special Collections, Rare Books and Manuscripts, University of Pennsylvania.

profundidade. Em oito delas, a parte superior da imagem permite ver mapas geográficos em que estão inscritos os nomes dos lugares mencionados no canto.[2]

No canto 15, o leitor pode situar os périplos de Astolfo por terras orientais, entre a Índia, o Ganges, a Pérsia, a Arábia e o Nilo (Figura 29).[3] O mapa do canto 22 permite acompanhar as etapas derradeiras da longuíssima viagem, atravessando a Anatólia, a Hungria, a Francônia e, uma vez cruzado o Reno, o Brabante e Flandres, o embarque à Inglaterra que o leva a Londres (Figura 30).[4] Os mapas indicam ainda outros itinerários: a fuga de Marfisa no canto 20 e sua viagem de barco pelo Mediterrâneo, entre o Chipre e a Itália (Figura 31),[5] ou a expedição de Rodomonte rumo à África, no canto 28 (Figura 32).[6] Nesse caso, as cidades cujos nomes são inscritas na carta são as mesmas mencionadas no texto: Lyon,

---

[2] Ver sobre essa edição e seus mapas o estudo fundamental de Andreoli, "L'*Orlando furioso* 'tutto ricorretto et di nuove figure adornato'. L'edizione Valgrisi (1556) nel contesto della storia editoriale ed illustrativa del poema fra Italia e Francia nel Cinquecento", em Fabrizio-Costa (org.), *Autour du livre italien ancien em Normandie*, p.41-132, em particular, p.97-107.

[3] Ariosto, *Orlando Furioso*, 1556, p.146.

[4] Ibid., p.234.

[5] Ibid., p.212.

[6] Ibid., p.313.

146 CANTO

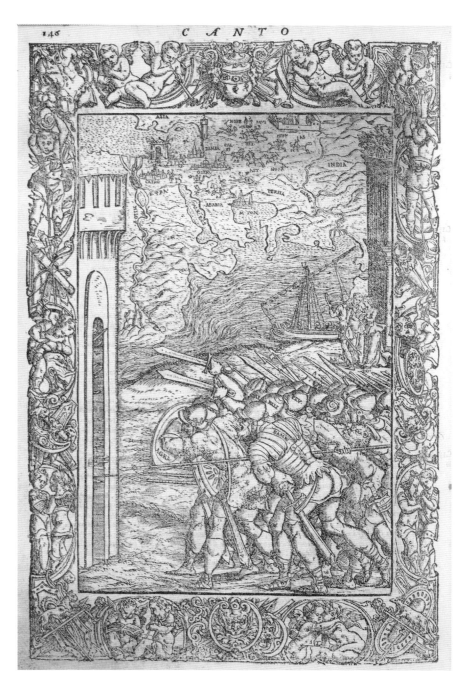

CANTO

CANTO

VENTESIMOTTAVO.

Viena, Valência, Avignon, Aigues-Mortes. Lyon se encontra na parte inferior do mapa, Aigues-Mortes na superior, como se o herói e o leitor descessem juntos pelo Reno. O mesmo procedimento que transforma os episódios sucessivos de cada canto em uma ordem iconográfica a ser seguida na gravura de baixo para o alto é adotado no mapa do canto 43, que descreve a viagem italiana de Rinaldo, que desce pelo rio Pó, cruza os Apeninos e embarca rumo à Óstia (Figura 33).[7]

Situando os fragmentos dos mapas nas pranchas que ilustram a edição de Valgrisi, o gravurista (cuja identidade permanece incerta)[8] introduz no livro uma das fontes da composição deste, pois a familiaridade de Ariosto com os mapas de sua época foi, de fato, uma das matrizes de sua imaginação poética.[9] Poderíamos também considerar que a paixão do revisor do livro, Ruscelli, pelas obras geográficas e os relatos de viagem, teria exercido um papel importante nas escolhas cartográficas de *Orlando furioso*. Na epístola dedicatória que

---

Página ao lado:

Figura 33. Mapa da viagem italiana de Rinaldo. Extraído de Ludovico Ariosto, *Orlando furioso*, 1556, canto 43, p.477. Kislak Center for Special Collections, Rare Books and Manuscripts, University of Pennsylvania.

---

7 Ibid., p.477.

8 Andreoli, "L'*Orlando Furioso*, 'tutto ricorretto et di nuove figure adornato'", op. cit., p.110-6.

9 Doroszlaï, "Les Sources cartographiques et le *Roland furieux*: quelques hypothèses autour de l'"espace réel chez l'Arioste", em Doroszlaï et al. (orgs.), *Espaces réels et espaces imaginaires dans le Roland furieux*, p.11-46.

QVARANTESIMO TERZO.

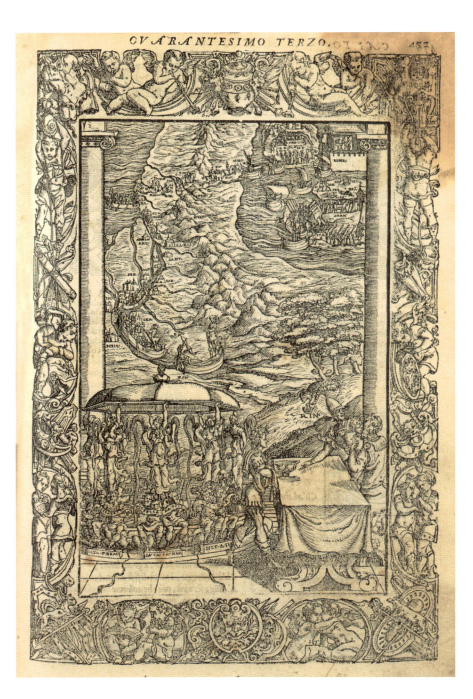

redigiu para a coletânea *Lettere di principi*, dedicada ao cardeal Borromeu e publicada em 1562, Ruscelli menciona a recente edição de sua tradução da *Geografia* de Ptolomeu, publicada um ano antes por Valgrisi, além de seu projeto de uma obra em quatro volumes baseada em ampla documentação geográfica e corográfica.[10] Introduzindo itinerários (possíveis ou impossíveis) descritos no poema, os mapas transformam os leitores em companheiros de viagem dos heróis, e, ao mesmo tempo, desenham os contornos e os confins desse mundo descortinado.

A edição de Valgrisi foi um sucesso, com as anotações de Ruscelli e as xilografias de página inteira.[11] Estas últimas foram reeditadas integralmente em todas as reedições in-quarto por ele publicadas: 1558, 1560, 1562, 1565 (com a adição dos cinco cantos acrescentados à obra a partir de 1542),[12] 1566, 1568, 1572

---

10 Braida, *Libri di lettere: le raccolte epistolari del Cinquecento tra inquietudini religiose e "buon volgare"*, p.191

11 Doroszlaï, "Une composante inédite de l'illustration d'un texte littéraire: la carte géographique", em Plaisance (org.), *Le Livre illustré italien au XVIe siècle*, p.177-205.

12 Ariosto, *Orlando furioso di M. Lodovico Ariosto* [Tutto ricorretto et di nuove figure adornato. [...] Di nuovo agiuntovi li Cinque Canti del medesimo Autore], 1565. A gravura que abre o canto IV apresenta, fiel à ilustração da edição de 1556, um fragmento

Primeiros mapas

e 1573. As pranchas aparecem também nas edições realizadas por seus herdeiros, como as de 1580 – "Appresso gli Heredi di Vincenzo Valgrisi" – e de 1587 – "Appresso Felice Valgrisi". Mas essa inovação parece não ter seduzido os editores do poema: as gravuras em cobre da edição de Francesco de Franceschi, surgida em 1584, não trazem mapa.[13]

Petrarca na Provença

No final do século XVIII, Dom Quixote era o último de uma linhagem de heróis de ficção cujas viagens poderiam ser acompanhadas por seus leitores em um ou mais mapas. Teria sido Cervantes o primeiro a compartilhar esse destino? Se o seu cavaleiro foi precedido pelo de Ariosto, este o foi pelo de Petrarca. Em 1525, na edição das obras do poeta em língua vulgar, Alessandro Vellutello oferecia não apenas uma nova "Vida de Petrarca", como também um mapa, comentado em um texto intitulado

---

de mapa que representa a frota de Ruggiero no estreito que separa a Barbária (ou África do Norte) da Espanha.

13 Ariosto, *Orlando furioso di M. Lodovico Ariosto* [Nuovamente adornato di Figure di Rame da Girolamo Porro], 1584. Ver Andreoli (org.), *Exercices furieux: à partir de l'édition de l'Orlando Furioso de Franceschi (Venise, 1584)*.

"Origens de Madame Laure, com a descrição de Valclusa e do lugar em que o poeta se apaixonou por ela" (Figura 34).[14] A bem da verdade, a viagem que o leitor acompanha graças aos topônimos inscritos sobre a *tavola* que abre o livro não chega a ser longa: durante a Sexta-Feira Santa de 1327, ela leva o poeta de Fontaine-de-Vaucluse (Valclusa) até a igreja de Saint-Véran em Isle-sur-Sorgue, onde é celebrada a missa. Laura seguirá o mesmo trajeto, mas a partir de Cabrières, onde decidira fazer uma pausa sob uma árvore, antes de chegar ao fim de sua breve viagem. É aí que Petrarca a encontra se se apaixona por ela.

Velutello decide localizar e comentar esse momento essencial da inspiração do poeta. Nada comparável, portanto, às longas viagens de Cervantes. O mapa não mostra nem as itinerâncias de Petrarca antes de 1327 entre a Itália, Carpentras, as universidades de Montpellier e de Bolonha e a corte papal de Avignon, nem as outras posteriores a ela. A ideia de Vellutello é dar ares de realidade ao reencontro que produziu as obras glosadas em sua

---

14 *Le Volgari Opere del Petrarcha con la Espositione di Alessandro Vellutello da Lucca.* O colofão indica: Venise, Giovanni Antonio Fratelli da Sabbio, 1525. O artigo encontra-se no fólio AA4 verso-AA5 reto e o texto "Origens de Madonna Laura com a descrição de Valclusa e o lugar onde o Poeta se apaixonou por ela pela primeira vez", no fólio BB2 reto-A1 reto [*sic*].

própria, a saber, os sonetos do *Cancioneiro* e os poemas dos *Triunfos*. De toda maneira, a *tavola* indica um topônimo petrarquiano que não se limita aos locais percorridos na Sexta--Feira Santa. Disposto com o oeste ao alto e o leste abaixo, o mapa é disposto a partir dos rios Ródano, Sorgue e Durance. Indica duas cidades importantes para o poeta: Carpentras, onde ele estudou humanidades, e Avignon, com sua ponte, onde ele residia (à qual ele se dirige em invectivas). O leitor pode, assim, projetar em um espaço real certos episódios da vida de Petrarca, tais como relatados por seu biógrafo.

A invenção teve êxito, pois o livro de Vellutello conheceu nada menos que 21 edições entre 1528 e 1600 (quinze delas por Gabriele Giolito).[15] Todas elas trazem o mapa que adquiriu, na edição de 1544, o título de "Descrição do sítio de Valclusa", e, posteriormente, ganhou outro, mais exato, em 1554: "Descrição de Sorgue, do lugar onde Laura nasceu e daquele em que Petrarca se apaixonou".[16]

---

15 Wilkins, "Vellutello's Map of Vaucluse and the *Carte de Tendre*", *Modern Philology*, v.29, n.3, p.275-80, 1932.

16 Petrarca, "Descrittione del sitio de Valclusa", em *Le Volgari Opere del Petrarca*, 1544; e "Descrittione della Sorga, del luogo, dove nacque Laura, e dove il Petrarca s'innamoro", em *Le Volgari Opere del Petrarca*, 1554.

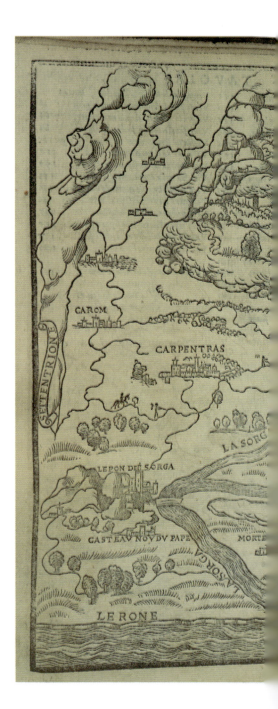

Figura 34. Mapa do périplo de Petrarca até seu encontro com Laura. Extraído de *Volgari Opere di Petrarcha con la Espositione di Alessandro Vellutello da Lucca,* Veneza, Giovanni Antonio Fratelli da Sabbio, 1525, fólio AA4 verso-AA5 recto.
Kislak Center for Special Collections, Rare Books and Manuscripts, University of Pennsylvania.

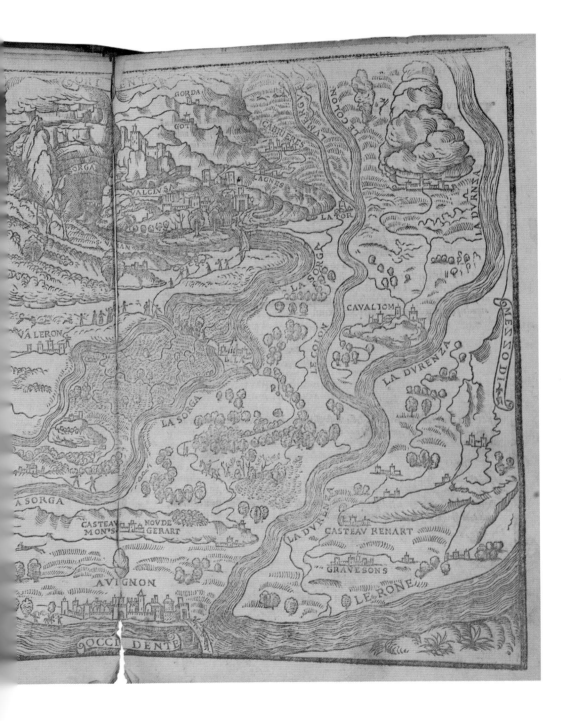

Écfrase e suplemento

De *Orlando furioso* a *Dom Quixote*, seria a presença de mapas em relatos de ficção o indício de algo como uma genealogia? Estaríamos autorizados a imaginar uma cadeia de apropriações? Jonathan Swift sem dúvida conhecia os mapas do *Mundus Alter et Idem*, e Daniel Defoe, os da *Utopia* de More. Podemos pensar, do mesmo modo, que os *habitués* das reuniões de sábado no salão de Mademoiselle de Scudéry teriam visto a gravura alegórica da *Subida ao monte Carmelo* ou ainda uma edição italiana de *Orlando furioso*. Possíveis, prováveis, essas filiações são incertas. Talvez mais certos sejam os parentescos morfológicos que sugerem escolhas similares, como a preferência pelas ilhas, o traçado das navegações ao redor do globo ou os três caminhos propostos ao viajante em marcha rumo à Beatitude ou à Ternura.

A introdução de mapas em obras da imaginação, nos séculos XVI e XVII, faz eco à abertura do mundo tornada possível pelas expedições e descobertas. A consciência da globalidade produziu um gosto pelos mapas geográficos, tanto dos novos mundos quanto de países antigos. O imaginário dos leitores foi, assim, alimentado por imagens que, nas ficções, mostravam as terras da Ásia, o continente austral ou o globo inteiro. Os mapas de fábulas retiveram da cartografia da época o léxico, as técnicas e as convenções. Alguns o fizeram para inventar terras de fantasia, outros para instalar em territórios reais as itinerâncias de personagens fictícios, outros ainda para que coexistissem, num mesmo espaço, regiões imaginárias e geografia autêntica.

Mas a introdução de mapas em fábulas não é algo óbvio. A primeira dificuldade, técnica e econômica, era comum a todos os gêneros de impressão que requerem mapas: atlas, cosmografia, crônica universal, guia, relato de viagem. A preferência pela gravura em cobre, mais precisa e mais nuançada que a xilogravura, requeria uma impressão dupla: a do texto no ateliê de impressão, a das ilustrações e mapas em um ateliê de impressão em talho-doce. O custo do livro aumentava, e, para controlá-lo, era necessário reservar um espaço exclusivo às imagens. Isso explica a presença de ilustrações em frontispício, fora do texto ou em página inteira. E explica também por que os mapas eram impressos em pranchas desdobráveis inseridas nos exemplares. Foram medidas adotadas por quase todas as edições surgidas entre os séculos XVII e XVIII, de *Clélia* a *Dom Quixote*.

Os mapas inseridos em obras de imaginação tinham uma função tripla. Situavam as sátiras em mundos pelo avesso, mostrando países em que se repetiam, ao excesso, vícios que eram alvo de crítica. Eram, ainda, uma referência comum para experiências compartilhadas, como percursos místicos ou jogos mundanos: chegar à felicidade completa ou à amizade terna requeria caminhos inscritos em territórios de papel. Por fim, produziam um efeito de realidade que borrava a distinção entre o mundo do texto e o dos leitores, que, graças a eles, se tornavam companheiros de viagem, dispostos a suspender a incredulidade e a se render à agradável "verdade" do inverossímil.

Esses papéis atribuídos aos mapas não suprimiram uma interrogação profunda sobre a relação entre a imagem, qualquer que seja, e o texto. Deveríamos pensar em termos de equivalência? Nesse caso, as palavras podem ser suficientes para produzir geografias mentais que não têm nenhuma necessidade de gravuras ou mapas. Essa confiança na potência da écfrase é sem dúvida uma das razões da duradoura ausência de mapas em certos gêneros literários (por exemplo, os romances picarescos), de seu desaparecimento em reedições de textos que, no entanto, os traziam originalmente (como o de More), ou, por fim, de sua introdução consideravelmente tardia, e uma única vez, em *Dom Quixote*.

A essa afirmação de que o texto pode ser desenho ou pintura opõe-se uma outra, teorizada ou praticada, que atribui à imagem, inclusive aos mapas, poderes próprios. As significações que elas materializam ou sugerem vão além do que o texto enuncia. Os mapas oferecem à vista o que a linearidade do texto não poderia dizer: a simultaneidade das ações, a sincronia dos episódios, a coexistência dos

Écfrase e suplemento

espaços. Mesmo se a concepção de equivalência predomina no início da época moderna, os mapas das ficções, ou ao menos de algumas delas, comunicam suplementos de sentido, de emoção ou de sonho que o historiador deve postular, embora nem sempre possa decifrar. Nosso olhar os percebe, mas eles permanecem, para sempre, fechados como um segredo, que só se desvelou a seus antigos leitores.

Agradecimentos

Redigido durante os períodos de confinamento, este livro surgiu como um curso anual no Collège de France. Eu gostaria de agradecer aos ouvintes – e em especial a Ilaria Andreoli – pelas sugestões muito pertinentes. Exprimo ainda a minha gratidão aos colegas e estudantes que entraram em contato com a matéria por ocasião de conferências na Universidade da Pensilvânia e na Universidade Nacional de San Martín, em Buenos Aires. Suas críticas e sugestões foram de grande utilidade.

Agradeço a John Pollack, conservador do Kislak Center for Special Collections, na Universidade da Pensilvânia, por sua preciosa ajuda e por ter facilitado a reprodução de numerosos mapas presentes no livro.

O rigoroso trabalho de correção realizado por Emmanuelle Fleury e Fanny Pauthier, editoras na Éditions du Collège de France, faz este livro também ser delas.

Por fim, Pierre e Élie se reconhecerão na introdução, como leitores que me inspiraram.

Referências bibliográficas

- ACADÉMIE FRANÇAISE. *Dictionnaire de l'Académie Française*. Paris: Vve de Jean-Baptiste Coignard, 1694.
- ANDREOLI, Ilaria. L'*Orlando furioso* "tutto ricorretto et di nuove figure adornato". L'edizione Valgrisi (1556) nel contesto della storia editoriale ed illustrativa del poema fra Italia e Francia nel Cinquecento. In: FABRIZIO-COSTA, Silvia (org.). *Autour du livre italien ancien em Normandie*. Berna: Peter Lang, 2011.
- _____. (org.). *Exercices furieux*: à partir de l'édition de *l'Orlando Furioso* de Franceschi (Veneza, 1584). Berna: Peter Lang, 2014.
- ARIOSTO, Ludovico. *Orlando furioso di M. Lodovico Ariosto* [Nuovamente adornato di Figure di Rame da Girolamo Porro]. Veneza: Francesco de Franceschi, 1584.
- _____. *Orlando furioso di M. Lodovico Ariosto* [Tutto ricorretto et di nuove figure adornato. [...] Di nuovo agiuntovi li Cinque Canti del medesimo Autore]. Veneza: Vincenzo Valgrisi, 1565.
- _____. *Orlando furioso di M. Lodovico Ariosto* [Tutto ricorretto, et di nuove figure adornato. Alquale di nuovo sono aggiunte le Annotationi, gli Avvertimenti, & le Dichiarationi di Girolamo Ruscelli, la Vita dell'Autore, descritta dal Signor Giovambattista Pigna, Gli Scontri de' Luoghi mutati dall'Autore doppo la sua prima impressione, la Dichiaratione di tutte le favole, Il Vocabolario de tutte le parole oscure, et altre cose utili & necessarie]. Veneza: Vincenzo Valgrisi, nella bottega d'Erasmo, 1556. [Ed. bras.: *Orlando furioso*. 2v. Campinas: Editora da Unicamp, 2023.]
- ARMAS, Frederick A. de (org.). *Écfrase in the Age of Cervantes*. Lewisburg: Bucknell University Press, 2005.
- ARNAULD, Antoine. *Phantosme du jansénisme ou Justification des Prétendus Jansénistes par le livre même d'un Savoyard Docteur de Sorbonne leur nouvel Accusateur*. Colônia: Nicolas Schouten, 1686.
- BACON, Francis. *Nova Atlantis* [per Franciscum Baconum, Baronem de Verulamio, Vice-Comitem S. Albani]. Utrecht: Johannes Janssonius van Waesberge, 1643. [Ed. port.: *Nova Atlântida*: a grande instauração. Lisboa: Edições 70, 2008.]
- _____. *Operum Moralium et Civilium*. Trad. William Rawley. Londres: Edward Griffin et Richard Whitaker, 1638.

Referências bibliográficas

- BACON, Francis. *Sylva Sylvarum, or a Naturall Historie*: In Ten Centuries. Londres: William Lee, 1627.

- BASSY, Alain-Marie. Supplément au voyage de Tendre. *Bulletin du Bibliophile*, v.1, p.13-33, 1982.

- BAYNES, Pauline. *There and Back Again*: A Map of Bilbo's Journey through Eriador and Rhovanion. Londres: George Allen & Unwin, 1971.

- _____. *A Map of Middle-Earth*. Londres: George Allen & Unwin, 1970.

- BIBLIOTECA NACIONAL DE ESPAÑA. *Los Mapas del Quijote*. Catálogo da exposição, Madri, 1o jun.-31 jul. 2005.

- BORGES, Jorge Luis. Magias parciales del "Quijote". In: *Otras inquisiciones*. Madri: Alianza Editorial, 1997. (Coleção Biblioteca Borges.) [Ed. bras.: Magias parciais do "Quixote". In: *Outras inquisições*. São Paulo: Companhia das Letras, 2012.]

- BRACHER, Frederick. The Maps in *Gulliver's Travels*. *Huntington Library Quarterly*, v.8, n.1, p.59-74, 1944

- BRAIDA, Lodovica. *Libri di lettere*: le raccolte epistolari del Cinquecento tra inquietudini religiose e "buon volgare". Roma: Laterza, 2009.

- BUSHELL, Sally. *Reading and Mapping Fiction*: Spatialising the Literary Text. Cambridge: Cambridge University Press, 2020.

- CAMPANELLÆ, F. Thomæ. *Civitas Solis Poetica*: Idea Reipublicæ Philosophicæ. Utrecht: Johannes Janssonius van Waesberge, 1643.

- _____. *Appendix Politica Civitas Solis Idea Reipublicæ Philosophicæ*. Frankfurt: Gottfried Tambach, 1623.

- CAVE, Terence. The English Translation: Thinking about the Commonwealth. In: CAVE, Terence (org.). *Thomas More's Utopia in Early Modern Europe*: Paratexts and Contexts. Manchester; Nova York: Manchester University Press, 2008.

- _____ (org.). *Thomas More's Utopia in Early Modern Europe*: Paratexts and Contexts. Manchester; Nova York: Manchester University Press, 2008.

- CERVANTES, Miguel de. *Los Trabajos de Persiles y Sigismunda*: historia septentrional. Org. Carlos Romero Muñoz. Madri: Cátedra, 2003. [Ed. bras.: *Os trabalhos de Persiles e Sigismunda*. Porto Alegre: Documenta, 2014.]

Referências bibliográficas

- CERVANTES, Miguel de. *Don Quijote de la Mancha*. Org. Francisco Rico. Barcelona: Institut Cervantès; Crítica, 1998.
- _____. *El ingenioso hidalgo Don Quijote de la Mancha*. 2v. México: Ignacio Cumplido, 1842. [Obra adornada de 125 estampas Litográficas y publicada por Masse y Decaen, impresores, Litógrafos y editores].
- _____. Miguel de. *El ingenioso hidalgo Don Quijote de la Mancha*. Emend. e corr. Francisco Sales. [Nueva edición clásica, ilustrada con notas históricas, gramaticales y críticas, por La Academia Española, sus individuos de número Pellicer, Arrieta, y Clemencín. Enmendada y corregida por Francisco Sales, A. M. instructor de Francés y Español en la Universidad de Harvard, en Cambrigia, Estado de Massachusetts, Norte América, Boston, Perkins y Marvin; Hillard, Gray y Cia, Russell, Shatttuck, y Cia; Crocker y Brewster, Munroe y Francis; S. Burdett]. 2v. Boston: Perkins y Marvin et al., 1836.
- _____. *El ingenioso hidalgo Don Quixote de la Mancha*. Paris: Julio Didot, 1827. [Edición en miniatura enteramente conforma a la ultima corregida y publicada por la Real Academia Española.]
- _____. *Le Don Quichotte*. Trad. H. Bouchon Dubornial. [ancien ingénieur des Ponts et Chaussées de France et ancien professeur de L'Académie royale et militaire espagnole; nouvelle édition, revue, corrigée, ornée de douze gravures, et de La carte du voyage]. 4v. Paris: Méquignon-Marvis, 1822.
- _____. *L'Ingénieux Chevalier Don Quixote de la Manche*. 4v. Paris: T. Desoer, 1821.
- _____. *El ingenioso hidalgo Don Quixote de la Mancha*. Org. Jose Rene Masson. 7v. Paris: Bossange et Masson, 1814. [Nueva edición, conforme en todo a la de la Real Academia Española, hecha en Madrid en 1782. Además del juico crítico ó Análisis del Quixote, el Plan cronológico de sus viages, la Vida de Cervantes, y los documentos que la comprueban, comprehendidos en la dicha edición de la Academia; se han añadido a esta las notas críticas y curiosas al Don Quixote, escritas por el señor Pellicer, Bibliotecario de S.M. etc. con hermosas láminas. Edición hecha baxo la dirección de Jose Rene Masson].
- _____. *El ingenioso hidalgo Don Quixote de la Mancha*. 6v. Berlim: Enrique Frölich, 1804-1805.
- _____. *The Life and Exploits of the Ingenious Gentleman Don Quixote de la Mancha*. Trad. do esp. Charles Jarvis. [Esq. now carefully revised and corrected: with a new translation of the Spanish poetry. To which is prefixed a copious and new Life of Cervantes; including a critique of the Quixote; also the chronological plan of the work. Embellished with new engravings, and a map of part of Spain]. 4v. Londres: William Miller, 1801.

Referências bibliográficas

- CERVANTES, Miguel de. *El ingenioso hidalgo Don Quixote de la Mancha*. [Nueva edición corregida denuevo, con nuevas notas, con nuevas viñetas, con nuevo análisis y con la vida del autor nuevamente aumentada. Por Don Juan Antonio Pellicer bibliotecario de S.M. y academico de numero de La Real Academia de Historia]. Madri: D. Gabriel de Sancha, 1797-1798.

- _____. *Historia del famoso Cavallero*: Don Quixote de la Mancha. Org. John Bowle. Salisbury; Londres: Eduardo Easton, 1781.

- _____. *El ingenioso hidalgo Don Quixote de la Mancha*. 4v. Madri: Don Joaquín Ibarra, 1780. (*fac-símile* ed. corrig. pela Real Academia Española.)

- _____. *Den Verstandigen Vroomen Ridder*: Don Quichot de la Mancha. Dordrecht: Jacobus Savery, 1657.

- CHARTIER, Roger. Écriture et mémoire. Le "librillo" de Cardenio. In: *Inscrire et effacer*: culture écrite et littérature (XIe-XVIIIe siècle). Paris: Gallimard; Seuil, 2005 (Coleção Hautes Études). [Ed. bras.: *Inscrever e apagar*: cultura escrita e literatura. São Paulo: Editora Unesp, 2007.]

- CROWE, Jonathan. Celebrating Christopher Tolkien's Cartographic Legacy. *Tor.com*, 22 jan. 2020. Disponível em: https://reactormag.com/celebrating-christopher-tolkiens-cartographic-legacy/. Acesso em: 30 nov. 2021.

- _____. Where do Fantasy Maps Come from. *Tor.com*, 23 set. 2020. Disponível em: https://reactormag.com/where-do-fantasy-maps-come-from/. Acesso em: 30 nov. 2021.

- DAVENPORT, Randi Lise; CÁRDENAS, Carlos F. Cabanillas. The Spanish Translations: Humanism and Politics. In: CAVE, Terence (org.). *Thomas More's Utopia in Early Modern Europe*: Paratexts and Contexts. Manchester; Nova York: Manchester University Press, 2008.

- DEFOE, Daniel. *Serious Reflections during the Life and Surprising Adventures of Robinson Crusoe*. [With his Vision of the Angelick World. Written by Himself]. Londres: W. Taylor, 1720.

- _____. *The Farther Adventures of Robinson Crusoe*. [Being the Second and Last Part of His Life, and of the Strange Surprizing Accounts of his Travels Round three Parts of the Globe. Written by Himself. To which is added a Map of the World, in which is Delineated the Voyages of Robinson Crusoe]. Londres: W. Taylor, 1719.

Referências bibliográficas

- DEFOE, Daniel. *The Life and Strange Surprizing Adventures of Robinson Crusoe, of York, Mariner*. [Who lived eight and twenty years, all alone in an un-inhabited Island on the Coast of America, near the Mouth of the Great River Oroonoque; Having been cast on Shore by Shipwreck, wherein all the Men perished but himself. With an Account how he was at last as strangely deliver'd by Pyrates. Written by Himself, The fourth Edition. To which is added a Map of the World, in which is Delineated the Voyages of Robinson Crusoe]. Londres: W. Taylor, 1719. [Ed. bras.: *Robinson Crusoé*. São Paulo: Penguin; Companhia das Letras, 2012.]

- DEJEAN, Joan. *Tender Geographies*: Women and the Origins of the Novel in France. Nova York: Columbia University Press, 1991.

- *DICTIONNAIRE de l'Académie Française*. t.I. Paris: Vve de Jean-Baptiste Coignard, 1694.

- DIDICHER, Nicole E. Mapping the Distorted Worlds of *Gulliver's Travels*. *Lumen*, v.16, Freedom and Boundaries, p.179-96, 1997.

- DOROSZLAÏ, Alexandre. Les Sources cartographiques et le *Roland furieux*: quelques hypothèses autour de l'"espace réel" chez l'Arioste. In: _____ et al. (orgs.). *Espaces réels et espaces imaginaires dans le Roland furieux*. Paris: Université de La Sorbonne Nouvelle, 1991.

- _____. Une composante inédite de l'illustration d'un texte littéraire: la carte géographique. In: PLAISANCE, Michel (org.). *Le Livre illustré italien au XVIe siècle*. Paris: Klincksieck, 1999.

- FABRIZIO-COSTA, Silvia (org.). *Autour du livre italien ancien em Normandie*. Berna: Peter Lang, 2011.

- FILTEAU, Claude. Le Pays de Tendre: l'enjeu d'une carte. *Littérature*, n.36, p.37-60, 1979.

- FONSTAD, Karen Wynn. *The Atlas of Tolkien's Middle Earth*. Boston: Houghton Mifflin Harcourt, 1981.

- FONTAINES, Louys, Sieur de Saint Marcel [Zacarias de Lisieux]. *Description du pays de Jansénie, où il est traitté des singularitez qui s'y trouvent, des Coutumes, Mœurs & Religion de ses Habitans*. Bourg Fontaine: Antoine Arnauld, 1688.

- _____. *L'Anti-Phantome du jansénisme ou la Nouvelle Description du Païs de Jansénie avec ses confins* [La Calvinie, la Libertinie, la Désesperie & la mer Prolyse, ou Mer

Referências bibliográficas

de Présomption, le tout représenté dans une Carte générale de ces quatre Provinces avec son explication. Où il est traitté des singularitez qui s'y trouvent, des coutumes, mœurs & de la Religion des habitans]. Ipres [Paris]: Antoine Novateur, 1688.

- FONTAINES, Louys, Sieur de Saint Marcel [Zacarias de Lisieux]. *Relation du pays de Jansénie, ou il est traitté des singularitez qui s'y trouvent, des Coutumes, Mœurs & Religion de ses Habitans*. Paris: Veuve & Denis Thierry; Claude Barbin, 1660.

- FONTANABONA, Jacky. La Géographie de Jules Verne et ses cartes dans *L'Île mystérieuse*. *M@ppemonde: Revue Trimestrielle sur l'Image Géographique et les Formes du Territoire*, n.97, 2010. Disponível em: https://mappemonde-archive.mgm.fr/num25/articles/art10101.pdf. Acesso em: 30 nov. 2021.

- FORONDA, Don Manuel de. *Cervantes, viajero*. Prol. Don Cayetano Rosell. Mapa Don Martín Ferreiro. [Con un prólogo del Excmo. señor Don Cayetano Rosell, de La Real Academia de la Historia, y un mapa con los viajes de Cervantes formado por Don Martín Ferreiro]. Madri: Fortanet, 1880.

- FURETIÈRE, Antoine. *Dictionnaire Universel, contenant généralement tous les mots français tant vieux que modernes*. t.I. La Haye, Paris: A. e R. Leers, 1690.

- _____. *Dictionnaire Universel, contenant généralement tous les mots français tant vieux que modernes*. t.II. La Haye, Paris: A. e R. Leers, 1690.

- GAITÁN, José Damián. "Subida del Monte Carmelo" y "Noche oscura". *Teresianum*, v.40, n.2, p.289-335, 1989.

- GAREL-GRISLIN, Julie. Les Coordonnées de la fiction: ce que la carte fait au récit. *Revue de la Bibliothèque Nationale de France*, n.59, p.22-30, 2019.

- GÉGOU, Fabienne. *Lettre-traité de Pierre-Daniel Huet sur l'origine des romans*. Ed. du Tricentenaire 1669-1969. Paris: A.-G. Nizet, 1971.

- GINZBURG, Carlo. *Nenhum homem é uma ilha*. Trad. Samuel Titan Jr. São Paulo: Companhia das Letras, 2004.

- GJERPE, Kristin. The Italian *Utopia* of Lando, Doni and Sansovino: Paradox and Politics. In: CAVE, Terence (org.). *Thomas More's Utopia in Early Modern Europe*: Paratexts and Contexts. Manchester; Nova York: Manchester University Press, 2008.

- GOODEY, Brian R. Mapping "Utopia": A Comment on the Geography of Sir Thomas More. *Geographical Review*, v.60, n.1, p.15-30, 1970.

Referências bibliográficas

- GRAHAME, Kenneth. *The Wind and the Willows*. Ilust. Ernest H. Shepard. 38.ed. Londres: Methuen, 1931.

- _____. *The Wind and the Willows*. Londres: Methuen, 1908. [Ed. bras.: *O vento nos salgueiros*. São Paulo: Principis, 2021.]

- HALL, Joseph. *The Discovery of a New World or A Description of the South Indies: Hetherto Unknowne* [By an English Mercury]. Londres: Edward Blount; William Barret, 1609.

- _____. *Virgidemiarum*: Sixe Bookes. First three Bookes. Of Toothlesse Satyrs. Londres: Thomas Creede for Robert Dexter, 1597.

- HEDELIN, François [abade de Aubignac]. *Histoire du temps, ou la Relation veritable du Royaume de la Coqueterie*: La Blanque des Illustres Filoux du mesme Royaume de Coqueterie. Et les Mariages bien assortis. Rev., corrig. e aument. Paris: Marin le Che, 1655.

- _____. *Histoire du temps, ou Relation du royaume de Coqueterie* [Extraite du dernier voyage des Holandois aux Indes du Levant]. Paris: Charles de Sercy, 1654.

- _____. *Histoire du temps, ou Relation du royaume de Coqueterie*: Ensemble le Siege de la Bauté & la Blancque des Illustres Filous [jouxte la copie imprimée à Paris]. Lyon: Michel Duhan, 1655.

- _____. Lettre d'Ariste à Cléonte, contenant l'Apologie de l'"Histoire du temps" ou la Défense du "Royaume de Coqueterie". In: *Histoire du temps*. Paris: D. Langlois, 1659.

- _____. *Lettre d'Ariste à Cléonte, contenant l'Apologie de l'"Histoire du temps" ou la Défense du "Royaume de Coqueterie"*. Paris: Pierre Bienfait, 1660.

- HUET, Pierre-Daniel. Lettre de Monsieur Huet, à Monsieur de Segrais. In: *Zayde*: histoire espagnole par Monsieur de Segrais. Avec un Traité de l'Origine des Romans par Monsieur Huet. Paris: Claude Barbin, 1670.

- JONES, William R. The *Bishop's Ban* of 1599 and the Ideology of English Satire. *Literature Compass*, v.7, n.5, p.332-46, 2010.

- LA CROIX, Jean de. *Les Œuvres spirituelles de B. Père Jean de la Croix* [Premier Carme Déchaussé de la Reforme de nostre Dame du Mont Carmel, & Coadjuteur de la saincte Mere Terese de Jesus. Nouvellement revues et très exactement corrigées sur l'Original, par le R. P. Cyprien de la Nativité de la Vierge, Carme Déchaussé. Ensemble quelques Opuscules dudit B. Pere Jean de La Croix, qui n'ont encore esté imprimez,

& un Eclaircissement Theologique du Pere Nicolas de Jesus Maria. Le tout traduit en François par le mesme Pere Cyprien Carme Déchaussé]. Paris: Vve Chevalier, 1641.

- LA CROIX, Jean de. *Les Œuvres spirituelles pour acheminer les âmes à la Parfaicte Union avec Dieu du Bienheureux P. Jean de la Croix*. Trad. esp. para franc. M. R. Gaultier [conseiller d'Estat]. Paris: Michel Sonnius, 1621.

- _____. *Obras espirituales que encaminan una alma a la perfecta union con Dios*. Alcalá, Espanha: Viuda de Andres Sanches, 1618.

- LA VILLE, François. *Préjugés légitimes contre le jansénisme*. Colônia: Abraham du Bois, 1686.

- LEMOINE, Jean; SAULNIER, Frédéric (orgs.). *Correspondance du chevalier de Sévigné et de Christine de France, duchesse de Savoie*. Paris: Librairie Renouard, 1911.

- LÉRY, Jean de. *Histoire d'un voyage faict en la Terre du Brésil, autrement dite Amerique* [revue, corrigée, et bien augmentée en ceste seconde édition, tant de figures, qu'autres choses notables sur Le sujet de l'auteur. Le tout recueilli sur les lieux, par Jean de Léry]. Genebra: Antoine Chuppin, 1580.

- LESTRINGANT, Frank. *Le Livre des îles*: atlas et récits insulaires de la Genèse à Jules Verne. Genebra: Droz, 2002.

- LEWIS, Clives Staples. *Prince Caspian*: The Return to Narnia. Londres: Geoffrey Bles, 1951. [Ed. bras.: *Príncipe Caspian*. São Paulo: WMF Martins Fontes, 2017. (Coleção As crônicas de Nárnia, v.4.)]

- _____. *The Lion, the Witch, and the Wardrobe*: A Story for Children. Londres: David Geoffrey Bles, 1950. [Ed. bras.: *O leão, a feiticeira e o guarda-roupa*. São Paulo: WMF Martins Fontes, 2009. (Coleção As crônicas de Nárnia, v.2.).]

- LEWIS, Elizabeth Franklin. Mapping Don Quixote's Route: Spanish Cartography, English Travellers and National Pride. *Studies in Eighteenth-Century Culture*, v.46, p.35-48, 2017.

- MARIN, Louis. Frontières, limites, *limes*: les récits de voyage dans *L'Utopie* de Thomas More. In: *Frontières et limites*. Paris: Centre Georges Pompidou, 1991.

- _____. *Utopiques*: jeux d'espaces. Paris: Éditions de Minuit, 1973.

- MEGÍAS, José Manuel Lucía. *Leer el Quijote en imágenes*: hacia una teoría de los modelos iconográficos. Madri: Calambur, 2006. (Coleção Biblioteca Litterae.)

Referências bibliográficas

- MÉNAGE, Giles. *Menagiana ou Les Bons Mots, les Pensées Critiques, Historiques, Morales & d'Érudition de Monsieur Ménage* [Recueillies par ses Amis, seconde édition augmentée]. Paris: Florentin et Pierre Delaulne, 1694.

- MERCURIUS BRITANNICUS [Joseph Hall]. *Mundus Alter et Idem Sive Terra Australis antehac semper incognita; longis itineribus peregrini Academici nuperrime lustrata.* Frankfurt [Londres]: herdeiros de Ascanius de Rinialme [Humphrey Lownes], 1605.

- _____. *Mundus Alter et Idem Sive Terra Australis antehac semper incognita; longis itineribus peregrini Academici nuperrime lustrata.* Hanôver: Wilhelm Antonius, 1607.

- _____. *Mundus Alter et Idem Sive Terra Australis antehac semper incognita; longis itineribus peregrini Academici nuperrime lustrata.* [Accessit propter affinitatem materiæ Thomæ Campanellæ, Civitas Solis et Nova Atlantis. Franc. Baconis, Bar. de Verulamio]. Utrecht: Johannes Janssonius van Waesberge, 1643.

- MILNE, Alan Alexander. *Winnie the Pooh*. Londres: Methuen & Co., 1926. [Ed. bras.: *Ursinho Pooh*. São Paulo: Martins Fontes, 2018.]

- MOLL, Herman. A Map of the World with the Ships Duke & Dutchess Tract Round it from 1708 to 1711. In: ROGERS, Woodes. *A Cruising Voyage Round the World*: First to the South-Seas, thence to the East-Indies, and Homewards by the Cape of Good Hope. [Begun in 1708, and finish'd in 1711. Containing a Journal of all the Remarkable Transactions; particularly, Of the Taking of Puna and Guaiquil, of the Acapulco Ship, and other Prizes; An Account of Alexander Selkirk's living alone for four Years and four Months in an Island; and a brief Description of several Countries in our Course noted to Trade, especially in the South-Sea. With Maps of all the Coast, from the best Spanish Manuscript Draugthts. And an Introduction relating to the South-Sea Trade. By Captain Woodes Rogers, Commander in Chief on this Expedition, with the Ships Duke and Dutchess of Bristol]. Londres: A. Bell; B. Lintot, 1712.

- _____. *A New and Correct Map of the World, Laid Down According to the Newest Discoveries, and From the Most Exact Observations.* Londres: David Rumsey Map Collection; David Rumsey Map Center; Stanford Libraries, 1709.

- _____. *The World Described*: Or, a New and Correct Sett of Maps. Shewing the Kingdoms and States in all the Known Parts of the Earth. Londres: T. Bowles, 1715.

- MORE, Thomas. *Ad lectorem. Habes candide lector opusculum illud vere aureum Thomæ Mori non minus utile quam elegans de optimo reipublicæ statu, deque nova insula Utopia* [iam iterum, sed multo correctius quam prius, hac Enchiridii forma ut

Referências bibliográficas

vides multorum tum senatorum tum aLiorum gravissimorum virorum suasu æditum, quod sane tibi ædiscendum non modo in manibus quotidie habendum censeo. Cui quidem ab innumeris mendis undequaque purgatio præter Erasmi annotationes ac Budæi epistolam: virorum sane qui hoc sæculo nostro extra omnnem ingenii aleam positi sunt: addita est etiam ipsius Mori epistola eruditissima Vale]. Paris: Giles de Gourmont, 1517.

- MORE, Thomas. *De Optimo Reip. Statu deque nova insula Utopia, libellus vere aureus, nec minus salutaris quam festivus; clarissimi disertissimique viri Thomæ Mori inclytæ civitatis Londinensis civis & Vicecomitis* [Epigrammata clarissimi divertissimique viri Thomæ Mori, pleraque è Græcis versa. Epigrammata. Des. Erasmi Rotterodami, Apud inclytam Basileansis]. Basileia: Johann Froben, 1518.

- _____. *L'Utopie de Thomas Morus*. Trad. Nicholas Gueudeville. [Idée ingenieuse pour remedier au malheur des Hommes; & pour leur procurer une felicité complette. Cet ouvrage contient le plan d'une Republique dont les Lois, les Usages, & les Coutumes tendent uniquement à faire faire aux Societez Humaines le passage de la Vie dans toute la douceur imaginable. Republique, qui deviendra infalliblement réele, des que les Mortes se conduiront par la *Raison*. Traduite nouvellement en François par Mr Gueudeville, & ornée de tres belles figures]. Leiden: Pierre Vander, 1715.

- _____. *L'Utopie de Thomas Morus*: Chancelier d'Angleterre. Trad. Samuel Sorbière. Amsterdã: Jean Blaeu, 1643.

- _____. *L'Utopie*. Trad. latim Jean Le Blond [1550]. Rev. Barthélémy Aneau [1559]. Edit. e modern. Guillaume Navaud. Paris: Gallimard, 2012. (Coleção Folio Classiques.) [Ed. bras.: Utopia. Trad. Márcio Meirelles Gouvêa Jr. Ed. bil. Belo Horizonte: Autêntica, 2017.]

- _____. *Libellus vere aureus nec minus salutaris quam festivus de optimo reip. statu, deque nova Insula Utopia* [Authore clarissimo viro Thoma Moro inclytæ: civitatis Londinensis cive & vicecomite cura M. Petri Aegidii Antverpiensis, & arte Theodorici Martini Alustensis, Typographi almæ Lovaniensium Academiæ nunc primum accuratissime editus]. Louvain: Thierry Martens, 1516.

- _____. *Tableau du meilleur gouvernement possible, ou L'Utopie de Thomas Morus.* [Chancelier d'Angleterre, en deux Livres. Traduction nouvelle, Dédiée à S.E.M. le Comte de Vergennes, Ministre des Affaires étrangeres, par M. T. Rousseau]. Trad. M. T. Rousseau. 2v. Paris: Cellot, 1780.

- _____. *Utopia or the Happy Republic*: A Philosophical Romance. Trad. Gilbert Burnet. 2v. [In Two Books. Written in Latin by Sir Thomas More, Lord High Chancellor of England. Translated into English by Gilbert Burnet, D.D. Sometime Professor of Divinity in the University of Glasgow, afterwards Bishop of Sarum]. Glasgow: Robert Foulis, 1743.

Referências bibliográficas

- MORETTI, Franco. *Atlas du roman européen 1800-1900*. Trad. ital. Jérôme Nicolas. Paris: Seuil, [1997] 2000. (Coleção La Couleur des Idées.)
- _____. *Graphes, cartes et arbres*: modèles abstraits pour une autre histoire de la littérature. Trad. ingl. Étienne Dobenesque. Paris: Les Prairies Ordinaires, [2005] 2008.
- NASH, Richard. *Wild Enlightenment*: The Borders of Human Identity in the Eighteenth Century. Charlottesville, Londres: University of Virginia Press, 2003.
- PADRÓN, Ricardo. Mapping Imaginary Worlds. In: AKERMAN, James R.; KARROW JR., Robert W. (orgs.). *Maps*: Finding our Place in the World. Chicago: Chicago University Press, 2007.
- PÁEZ, Elena Santiago (org.). *De la palabra a la imagen*: el "Quijote" de la Academia de 1780. Madri: Biblioteca Nacional, 2006.
- PANTIN, Isabelle. Inventer, visualiser, dessiner des mondes. In: FERRÉ, Vincent; MANFRIN, Frédéric (orgs.). *Tolkien*: voyage en Terre du Milieu. Paris: Bibliothèque Nationale de France; Christian Bourgois, 2019.
- PETERS, Jeffrey N. *Mapping Discord*: Allegorical Cartography in Early Modern French Writing. Newark: University of Delaware Press, 2004.
- PETRARCA, Francesco. *Le Volgari Opere del Petrarca*. Veneza: Gabriele Giolito, 1554.
- _____. *Le Volgari Opere del Petrarca*. Veneza: Gabriele Giolito, 1544.
- PIOFFET, Marie-Christine. Esquisse d'une poétique de l'allégorie à l'âge classique. La glose de l'abbé d'Aubignac. *Études littéraires*, v.43, n.2, p.109-28, 2012.
- PRÉVOT, Jacques (org.). Actualités de Tristan: actes du Colloque International, Université Paris X-Nanterre et École Normale Supérieure, 22-24 nov. 2001. *Littérales*, n.3, p.211-28, 2003.
- QUANTIN, Jean-Louis. Ces Autres qui nous font ce que nous sommes: les jansénistes face à leurs adversaires. *Revue de l'Histoire des Religions*, v.212, n.4, p.397-417, 1995.
- ROGERS, Woodes. *A Cruising Voyage Round the World*: First to the South-Seas, thence to the East-Indies, and Homewards by the Cape of Good Hope. [Begun in 1708, and finish'd in 1711. Containing a Journal of all the Remarkable Transactions; particularly, Of the Taking of Puna and Guaiquil, of the Acapulco Ship, and other Prizes; An Account of Alexander Selkirk's living alone for four Years and four Months in an Island; and a brief Description of several Countries in our Course noted to Trade, especially in the South-Sea. With Maps of all the Coast, from the best Spanish Manuscript

Referências bibliográficas

Draugthts. And an Introduction relating to the South-Sea Trade. By Captain Woodes Rogers, Commander in Chief on this Expedition, with the Ships Duke and Dutchess of Bristol]. Londres: A. Bell; B. Lintot, 1712.

- ROGGEN, Vibeke. A Protean Text: *Utopia* in Latin, 1516-1631. In: CAVE, Terence (org.). *Thomas More's Utopia in Early Modern Europe*: Paratexts and Contexts. Manchester; Nova York: Manchester University Press, 2008.

- SALBERG, Trond Kruke. The German Translations: Humanist Politics and Literary Journalism. In: CAVE, Terence (org.). *Thomas More's Utopia in Early Modern Europe*: Paratexts and Contexts. Manchester; Nova York: Manchester University Press, 2008.

- SCUDÉRY, Madeleine de. *Clélie*: histoire romaine. Textos escolhidos, apres., estab. e anot. Delphine Denis. Paris: Gallimard, 2006. (Coleção Folio Classique.)

- _____. *Clélie*: histoire romaine. Ed. crit. Chantal Morlet-Chantalat. Paris: Honoré Champion, 2001.

- _____. *Clélie*: histoire romaine. Paris: Augustin Courbé, 1660.

- _____. *Clélie*: histoire romaine [Dédiée à Mademoiselle de Longueville, par Mr de Scudéry, gouverneur de Nostre Dame de La Garde. Premiere partie]. Paris: Augustin Courbé, 1654.

- _____; PELLISSON, Paul et al. *Chroniques du Samedi, suivies de pièces diverses (1653-1654)*. Ed. Alain Niderst, Delphine Denis e Myriam Maître. Paris: Honoré Champion, 2002.

- SELLEVOLD, Kirsti. The French Versions of *Utopia*: Christian and Cosmopolitan Models. In: CAVE, Terence (org.). *Thomas More's Utopia in Early Modern Europe*: Paratexts and Contexts. Manchester; Nova York: Manchester University Press, 2008.

- SOREL, M. Charles. *Description de l'Île de Portraiture et de la Ville des Portraits (1659)*. Ed. Martine Debaisieux. Prefácio Michel Jeanneret. Genebra: Droz, 2006.

- _____. *La Bibliothèque française* [1667]. Ed. Filippo d'Angelo, Mathilde Bombart, Laurence Giavarini, Claudine Nédelec, Dinah Ribard, Michèle Rosellini e Alain Viala. Paris: Honoré Champion, 2015.

- _____. *La Bibliothèque françoise de M. C. Sorel*. Reveüe & augmentée. 2.ed. Paris: Compagnie des Libraires du Palais, 1667.

Referências bibliográficas

- SOREL, M. Charles. *La Bibliothèque françoise de M. C. Sorel* [Ou le Choix et l'Examen des Livres François qui traitent de l'Eloquence, de la Philosophie, de la Devotion, & de la Conduite des Mœurs; et de ceux qui contiennent des Harangues, des Lettres, des Oeuvres meslées, des Histoires, des Romans, des Poësies, des Traductions; & qui ont servy au Progrez de nostre Langue. Avec un Traité particulier, où se trouve l'Ordre, le Choix, & l'Examen des Histoires de France]. Paris: Compagnie des Libraires du Palais, 1664.

- _____ (org.). *Recueil de pièces en prose, les plus agréables de ce temps*. Composées par divers autheurs [Première partie]. Paris: Charles de Sercy, 1658.

- SPAANS, Ronny; CAVE, Terence. The Dutch Translation: Austerity and Pragmatism. In: CAVE, Terence (org.). *Thomas More's Utopia in Early Modern Europe*: Paratexts and Contexts. Manchester; Nova York: Manchester University Press, 2008.

- STADEN, Hans. *Warhaftig Historia und Beschreibung eyner Landtschafft der Wilden, Nacketen, Grimmigen Menschfresse Leythen, in der Newenwelt America gelegen* [...] [Da sie Hans Staden von Homberg auss Hessen durch sein eygne erfahrung erkant]. Marbourg: Andreas Kolbe, 1557.

- STAHL, Hannah. Imaginary Maps and Beyond. *Library of Congress*, 25 maio 2016-30 ago. 2016. Disponível em: https://blogs.loc.gov/maps/2016/05/imaginary-maps-in-literature-and-beyond-introduction/. Acesso em: 30 nov. 2021.

- STEVENSON, Robert Louis. *Treasure Island*. Londres; Paris; Nova York: Cassell & Company, 1883. [Ed. bras.: *A ilha do tesouro*. São Paulo: Principis, 2019.]

- STRATCHEY, Barbara. *Journeys of Frodo*: An Atlas of J. R. R. Tolkien's *The Lord of the Rings*. Londres: George Alen & Unwin, 1981.

- SUNDMARK, Björn. Mapping Middle Earth: A Tolkienian Legacy. In: GOGA, Nina; KÜMMERLING-MEIBAUER, Bettina (orgs.). *Maps and Mapping in Children's Literature*: Landscapes, Seascapes and Cityscapes. Amsterdã: John Benjamins Publishing Company, 2017.

- SWIFT, Jonathan. *The Works of Jonathan Swift*. Volume III of the Author's Works: Containing *Travels into Several Remote Nations of the World*. [In Four Parts. By Lemuel Gulliver, first a Surgeon, and then a Captain of several Ships]. Dublin: George Faulkner, 1735.

- _____. *Travels into Several Remote Nations of the World*. [In Four Parts. By Lemuel Gulliver, First a Surgeon, and then a Captain of Several Ships]. 2v. Londres: Benjamin

Referências bibliográficas

Motte, 1726. [Ed. bras.: *Viagens de Gulliver*. Trad. Paulo Henriques Britto. Pref. George Orwell. São Paulo: Penguin; Companhia das Letras, 2010.]

- SWIFT, Jonathan. *Travels into Several Remote Nations of the World*. [In Four Parts. By Lemuel Gulliver, First a Surgeon, and then a Captain of Several Ships]. Dublin: J. Hyde, 1726.

- THEVET, F. André. *Les Singularitez de la France antarctique, autrement nommée Amérique* [et de plusieurs Terres & Isles decouvertes de nostre temps, par F. André Thevet, nastif d'Angoulesme]. Paris: herdeiros de Maurice de La Porte, 1558. [Ed. bras.: *As singularidades da França Antártica*. Belo Horizonte; São Paulo: Itatiaia; Edusp, 1978.]

- TIBERGHIEN, Giles A. Cartes imaginaires et forgeries. In: BESSE, Jean-Marc; TIBERGHIEN, Giles A. (orgs.). *Opérations cartographiques*. Arles: Actes Sud, 2017.

- TOLKIEN, J. R. R. (John Ronald Reuel). *The Hobbit*. Londres: George Allen & Unwin, 1937. [Ed. bras.: *O Hobbit*. Trad. Reinaldo José Lopes. Rio de Janeiro: HarperCollins Brasil, 2019.]

- _____. *The Lord of the Rings*. Part 1: The Fellowship of the Ring. Part 2: The Two Towers. Part 3: The Return of the King. Londres: George Allen & Unwin, 1954-1955. [Ed. bras.: *O senhor dos anéis*. v.1: A sociedade do anel. v.2: As duas torres. v.3: O retorno do rei. Rio de Janeiro: HarperCollins Brasil, 2022.]

- TURNOVSKY, Geoffrey. Chroniques des *Chroniques du Samedi*: l'invention d'un manuscrit". Trad. Cécile Soudan. *Les Dossiers du Grihl*, on-line, 11 fev. 2017. Disponível em: https://journals.openedition.org/dossiersgrihl/6795. Acesso em: 8 mar. 2024.

- VERNE, Júlio. L'Île mystérieuse. In: *Les Voyages extraordinaires*. Paris: J. Hetzel et Cie., 1875. (Coleção La Bibliothèque d'Éducation et de Récréation.) [Ed. bras.: *A ilha misteriosa*. Trad. Clarice Lispector. Rio de Janeiro: Rocco, 2015.]

- _____. *The Mysterious Island*. Trad. franc. William H. G. Kingston. Londres: Sampson Low, Marston, Low & Searle; Nova York: Scribner, Armstrong & Co., 1875. [Ed. bras.: *A ilha misteriosa*. Trad. Clarice Lispector. Rio de Janeiro: Rocco, 2015.]

- VIALA, Alain. *La France galante*: essai historique sur une catégorie culturelle, de ses origines jusqu'à la Révolution. Paris: Presses Universitaires de France, 2008.

- VICKERS, Brian. The Satiric Structure of *Gulliver's Travels* and More's *Utopia*. In: VICKERS, Brian (org.). *The World of Jonathan Swift*. Oxford: Basil Blackwell, 1968.

Referências bibliográficas

- WANDS, John Millar (org. e trad.). *Another World and Yet the Same*: Bishop Joseph Hall's *Mundus Alter et Idem*. New Haven; Londres: Yale University Press, 1981.

- _____. The Early Printing History of Joseph Hall's *Mundus Alter et Idem*. *The Papers of the Bibliographical Society of America*, v.74, n.1, p.1-12, 1980.

- _____. Vellutello's Map of Vaucluse and the *Carte de Tendre*. *Modern Philology*, v.29, n.3, p.275-80, 1932.

- ZUKAS, Alex. Commodities, Commerce, and Cartography in the Early Modern Era: Herman Moll's World Maps, 1700-1730. In: ROTENBERG-SCHWARTZ, Michael (org.). *Global Economies, Cultural Currencies of the Eighteenth Century*. Nova York: AMS Press, 2012.

- _____. Negotiating Oceans, Islands, Continents, and British Imperial Ambitions in the Maps of Herman Moll, 1697-1732. In: DODEMAN, André; PEDRI, Nancy (orgs.). *Negotiating Waters*: Seas, Oceans, and Passageways in the Colonial and Postcolonial Anglophone World. Wilmington: Vernon Press, 2020.

- ZUMTHOR, Paul. La Carte de Tendre et les Précieux. *Trivium*, v.6, p.263-73, 1948.

Créditos das imagens

ADAGP, Paris, 2022: fig. 26.

AF Fotografie/Alamy Stock Photo: fig. 10.

Biblioteca Digital de Castilla y León: fig. 23.

Bibliothèque municipale de Lyon, 337970, p. 50/photo: Jean-Luc Bouchier: fig. 25.

Bibliothèque nationale de France: figs. 19, 22, 27, 28.

British Library: figs. 5, 6, 7, 8, 9.

David Rumsey Map Collection, David Rumsey Map Center, Stanford Libraries: fig. 11.

HathiTrust Digital Library. Avec l'aimable autorisation de HathiTrust (https://babel.hathitrust.org/cgi/pt?id=mdp.39015078543512&view=1up&seq=6&skin=2021): fig. 12.

Kislak Center for Special Collections, Rare Books and Manuscripts, University of Pennsylvania: figs. 1, 2, 3, 4, 14, 15, 16, 17, 18, 29, 30, 31, 32, 33, 34.

National Library of the Netherlands: fig. 21.

Rev. Thomas Tilford/Internet Archive: fig. 13.

The Picture Art Collection/Alamy Stock Photo: fig. 24.

Universitätsbibliothek Basel, Rb 80, p. 12 (VD16 M 6299) ; https://doi.org/10.3931/e-rara-30626: fig. 20

SOBRE O LIVRO

Formato: 16 X 21 cm
Mancha: 31,2 X 38,11 paicas
Tipologia: Gatineau 12/15
Papel: Couché fosco 150 g/m² (miolo)
Cartão Triplex 250 g/m² (capa)
1ª edição Editora Unesp: 2024

EQUIPE DE REALIZAÇÃO

Capa
Quadratim Editorial

Edição de texto
Tulio Kawata (Copidesque)
Pedro Magalhães Gomes (Revisão)

Editoração eletrônica
Vicente Pimenta

Assistente de produção
Erick Abreu

Assistência editorial
Alberto Bononi
Gabriel Joppert

Rua Xavier Curado, 388 • Ipiranga - SP • 04210 100
Tel.: (11) 2063 7000 • Fax: (11) 2061 8709
rettec@rettec.com.br • www.rettec.com.br